AF194293

Aschenputtels Weg
zum Regenbogen

© Auflage 2021 Englert Axel

Herstellung und Verlag:

BoD -Books on Demand, Norderstedt.

Umschlaggestaltung/Fotos:

Eva Maria Shire "Soulspiritart"

Cover: BOD GmbH, Norderstedt

ISBN- 9783752604009

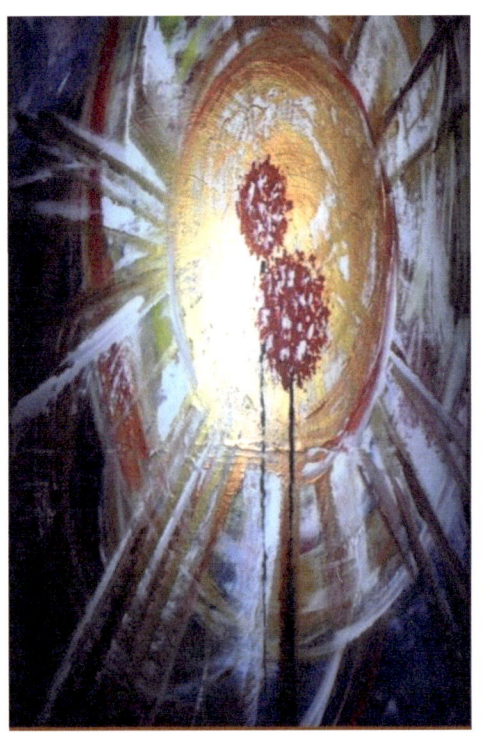

„Die Bilder sind dem Menschen sichtbar,
doch das Licht in dir ist vermeintlich verborgen,
Im Bilde meines Lichtes wird es sichtbar werden,
doch in meinem Bild ist mein Licht verborgen"
(Thomasevangelium)

Inhalt

Einführung
Die Bildkraft von Mythos und Märchen

Der moderne Mensch hat sich selbst in der westlichen Gesellschaft in der Aufklärung vom sogenannten „Aberglauben"
befreit. Wenigstens glaubte er das, denn bei diesem Vorgang hat er die geistigen Werte seiner inneren Bilder mit
ihren heilsamen Wirkungen in einem hohen Maße verloren.
Seine sinnvollen geistig-seelischen Traditionen, mit ihren
mythologischen Wurzeln sind zerfallen und er zahlt nun den
Preis für diese Auflösung, mit weltweiter Desorientierung
und Zersetzung und zunehmenden Volkskrankheiten, wie
Depression und Krebs im Tanz um das „goldene Kalb".

Wenn in einer in einer Gesellschaftsordnung aber geistige
Werte, mit ihren lebenspendenden Mythen, Bildern und
Symbolen, dem Ansturm einer nur konsumorientierten und
intellektorientierten Zivilisation ausgesetzt werden, verlie-
ren die Menschen den Glauben an den Sinn ihres Lebens,
ihre intuitive soziale Ordnung und Verbundenheit zerfällt
und sie selber gehen moralisch zugrunde. Wir sind heute in
einer solchen katastrophalen Lage.
Bilder und Symbole aus dem Inneren enthalten aber viel
emotional anregenden heilsamen „Zauber". Es wäre töricht,
sie einfach abzutun, nur weil sie, rational betrachtet, bedeu-
tungslos erscheinen. Sie sind aber wichtige Bestandteile
einer geistig emphatischen Struktur, sowie lebenswichtige
Kräfte für den Zusammenhalt der menschlichen Gesellschaft und sind kriminalitäts – und krankheitsverhindernd.

Sie können nicht einfach ohne ernsten Schaden ausgerottet oder polarisiert werden, ohne die Psyche und Gesundheit zu schädigen.

Wir haben alle Mythen und Märchen aber ihrer Geheimnisse und ihres erregenden Zaubers beraubt. Uns ist nichts mehr „heilig" und sie richten sich damit gegen uns und das Lebensnetz.

Unsere geistigen Führer waren und sind unglücklicher Weise mehr daran interessiert, ihre Institutionen und die damit verbundene ideologische oder konfessionelle Macht zu schützen, als daran, das Geheimnis zu verstehen, welches die Symbole und damit verbundene Rituale als lebendige heilsame Gotteserfahrungen darstellen und die zur Verbundenheit eine Gesellschaft wesentlich beitragen helfen.

So sprechen wir von „Materie". Wir beschreiben ihre Eigenschaften. Wir führen Laborexperimente durch, um einige ihrer Aspekte zu zeigen. Aber das Wort „Materie" bleibt ein trockener, unmenschlicher und rein intellektueller Begriff, der für uns keine psychische Bedeutung hat.

Wie anders war dagegen das frühere Bild der Materie - der Großen Mutter Erde, welches die tiefe emotionale Bedeutung dieser als Symbol für Sicherheit, Geborgenheit, Struktur, Fruchtbarkeit und Wachstum und eben dieses "Gehalten sein" ausdrückte und fühlbar machte.

Auf dieselbe Weise wird das, was der „Geist" war, heute mit dem Intellekt identifiziert und hört damit auf, Vater/

Mutter des Kosmos, einer „Gespürten" verbindenden Ordnung zu sein. Er ist zu einer beschränkten „Be –´DEUTUNGS`– losen Gedankenform degeneriert.

Die berührende emotionale Energie, die in dem Bild „Unser Vater" bzw. „Göttliche Mutter" ausgedrückt war, versickerte im Sande einer intellektuellen Wüste, die Verbundenheit mit der Erde und dem seelischen Inneren verlierend.

Leider erfühlen wir heute in keinem Fluss mehr ein Geist, kein Baum ist das Lebensprinzip eines Mannes, keine Quelle lebensspendende Weiblichkeit, keine Schlange die Verkörperung der Weisheit, keine Gebirgshöhle oder Berg die geheimnisvolle Wohnung eines großen Geistes. Es sprechen keine Elfenbilder mehr aus Steinen, Pflanzen und Tieren zu den Menschen, und er selbst redet nicht mehr zu ihnen in dem Glauben, sie verständen ihn.

Der lebensspendende Kontakt mit der Natur ist verloren gegangen in der intellektuellen Kastration der Aufklärung und damit auch die starke emotionale Energie, die diese symbolische Verbindung bewirkt hatte. Der Mensch hat sich von diesen inneren Symbolen getrennt.

Würde er z.B. den Baum, Pflanze, Stein wirklich sich darauf einlassend betrachten, ihn umarmen oder berühren – auf die die Bilder, sprich deren Geist, die sich als Kobold, Elfe aus seinem Inneren heraus –„bilden", einlassen, sie zu erfühlen, wäre das wieder eine lebendige heilsame verbindende Erfahrung und Verbindung mit der Natur.

Die Kraft und die Herrlichkeit solcher einst mächtigen Bilder, Worte und Mythen sind vergangen. Wir haben aufgehört, an magische Bilder zu glauben, uns davon berühren zu lassen und haben uns in seelenlosen Gedankenformen verloren, die den Bezug zum Inneren verloren haben und somit kein heilsames „MANA" mehr aufweisen.

Die Kraft des Glaubens mit seinen heilsamen inneren Bildern aber, ist ungeheuerlich. Auch ein sogenannter Heiler, Heiliger, ein Schamane heilt eigentlich nicht, sondern verursacht das Wunder im Bedürftigen, den Glauben an sich, über seine eigenen inneren Bilder, erweckend könnend!

„Glaube" heißt auf etwas innerseelisch Erkanntes vertrauen, auch wenn es der Verstand verneint!

Es gilt dabei die Impulse, die ihre Wurzeln in deiner eigenen Unsicherheit oder Fremdprägungen haben, von jenen, die von deinem Selbst, aus der Seele, sprich „Intuition" stammen, zu unterscheiden.

Mit wachsendem Bewusstsein und zunehmendem Einklang mit deinem wirklichen Selbst lernt man zwischen impulsiven Wünschen und intuitivem Wissen zu unterscheiden.

Der Unterschied zwischen Impuls und Intuition ist folgender:

»Ein Impuls fühlt sich an, als müsse ihm augenblicklich Folge geleistet werden. Zögerst du, so verfliegt die Gelegenheit.

Ein Impuls setzt unter Handlungszwang. Handelst du dementsprechend, fühlst du dich hinterher leer und unbefriedigt. Es erscheint oder erschien dir wie ein Strohfeuer.

Um diese Stimme der Intuition ganz deutlich zu vernehmen, musst du erreichen, dass dein Bewusstsein zu einem stillen See wird. Also gilt es, sich zu bestimmten festzulegenden Zeiten, ganz von Außenreizen, äußeren Lärm, hektischer Betriebsamkeit abzuschirmen und in sich zu lauschen. Dies kann in der sogenannten Meditation geschehen, bei einem einsamen Spaziergang oder ähnlichem. Den Wellenschlag der emotional, sorgenvollen Überlegungen gilt es also zu glätten, um damit auch ganz ins Hier und Jetzt zu gelangen.

Ganz einfach formuliert, musst du vielleicht einmal von dir selbst zurücktreten und nur beobachten. Reiche deinem Verstand die Kündigung ein und weise diesem eine beobachtende Funktion zu, und du wirst überrascht sein, wie deine Intuition sich entwickelt.

Sie durchdringt dann mühelos deinen stillen See und du kannst geradewegs in ihn hineingehen. Er ist dann sehr klar.

Aber wenn Wind aufkommt und das Wasser aufgewühlt wird oder wenn das Wasser verunreinigt ist, kannst du nicht deutlich erkennen, was in dem See ist. Deine fünf Sinne, die auf der Suche nach Erfüllung durch Außenreize beschäftigt sind, vereinnahmen dich oft so sehr, dass du die „ruhige und zarte" Stimme in dir nicht wahrnimmst.

Wie kannst du also erreichen, dass dein Geist wie ein stiller, klarer See ist, ungestört von stürmischen Gedanken an der Oberfläche, frei von verunreinigenden Emotionen wird, so dass das Licht des Bewusstseins aus der Seele mit seinen Bilden und Symbolen als „Wesenskörner" mühelos in deine Aufmerksamkeit gelangen kann?

Je mehr du dich dieser "Energiearbeit" widmest, desto häufiger bemerkst du Unterschiede in den verschiedenen Botschaften, die zum einen aus dem begrenzten Verstand und zum anderen aus deiner Intuition stammen:

Intellektgesteuerte Botschaften beruhen oft auf unreflektierten Mangelgefühlen, Furcht sowie, auf Schulddenken und entstammen aus einer mehr oder minderen Bedürftigkeitssituation.

Intuitionsgesteuerte Botschaften sind für gewöhnlich beruhigend, ermutigend und machen keine Angst. Sie verlangen für gewöhnlich keine unmittelbaren Handlungen. Weiterhin erfordern diese nur selten angstbesetzte radikale „Kurswechsel", die meist ohne angstbesetzt zu sein, als kleinere, allmählich Veränderung herbeiführende Schritte auftreten.

Selbst die Quantenphysik bejaht das in jeglicher Hinsicht:

„Nicht: „Ich glaube, was ich sehe" ist richtig, sondern du erlebst, was du tief in dir innerlich, über innere bewusste oder unbewusste Bilder glaubst".

Deine bewussten oder unbewussten emotionalen Überzeugungen sind dabei der "Zaubertrank", der heilende oder zerstörende Wirklichkeiten erzeugt!

Wenn man also seine Überzeugungen durch das Wahrnehmen der innerseelischen Bilder oder Stimmen ändert, wird sich eine „kranke" bzw. missliche Wirklichkeit ändern.

Damit ist Glaube und Heiligkeit keine Sache der Konfession, sondern eine Sache der persönlichen inneren Entfaltung der eigenen inneren ungekannten Kraft der Psyche. Ob sie nun dabei als kraftvoll erscheinendes Symbolbild oder Person über einen Mythos oder Märchen den Menschen berührt, emotional seine Selbstheilungskräfte weckt, dann hat dieses personifizierte Heilungssymbol seine Schuldigkeit getan und „Heilung" oder Lösung aus unheilvollen Verstrickungen erfolgt!
„Wortformen" beschneiden aber das Mysterium, führen es nur in intellektuelle Betrachtungsweisen. Innere erregende Bilder und Symbole jedoch, entführen den Geist über die Grenzen von begrenzten Betrachtungsweisen, in das Reich einer „wirkenden magischen Bewusstseinswelt", die sich im Außen spiegeln und gestaltend erfahren möchte"

Auch die personifizierten Energieformen der Engel, Sylphen, Nixen, Götter usw. unserer Sagen sind psychische Energiequalitäten, Kräfte einer bestimmten Wirkform.

Ein Schamane bzw. moderner Imaginationstherapeut zum Beispiel, setzt sich auch mit den personifizierten Energieform des Kranken in Verbindung (seinen Krafttieren, inneren

"Dämonen" usw.) und arbeitet mit diesen psychischen Energie-bildmustern. Wir kennen dies auch in den therapeutischen Formen der Phantasiereise!

Die bekannten Götterwelten aller Kulturen sind im Prinzip nichts anderes als die Bilder dieser psychischen Energie-formen aus dem Inneren.

Auch alles was in Märchen vorkommt, ist eingebettet als inneres Bild in der Seele, dem Bildwerk des Großen Geistes, Gott, das Licht, wie man es nennen mag!

Alles, was im Märchen vorkommt, ist jedoch, wie im Traum, symbol bzw. konzentrierte „magisch"-mythologische kraft-spendende Bildsprache, die erst entschlüsselt werden will, um verstanden zu werden.

Märchen und Mythen als konzentrierte kollektive zugäng-liche symbolische Erfahrungen, gehen direkt und ohne Um-schweife „erregend" und „berührend" zu Herzen. Dadurch wirken sie besonders bei tief bekümmernden Konflikten manchmal besser als die vernünftigsten medizinischen Rat-schläge!

Was aber macht die Märchen und Mythen in ihrer Wirkung so besonders? Hätten wir nämlich diese Verarbeitungsform nicht, so würden u.U. noch mehr schwere nervliche, psychi-sche Krankheiten auftreten.

In der Tat schrieb C.G. Jung dem Märchen heilende Kräfte zu und damit steht er nicht allein da.

In Indien galten Märchen seit je her als Heilmittel für seelisch entkräftete, entmutigte oder psychisch verwirrte Menschen. Sie wurden zur Meditation, als Heilmittel gegeben. Märchen und Mythen galten als Götterbotschaften und durften oft nur unter strengen Auflagen nach vieljähriger Übung im kultischen Schattentheater gezeigt werden. In der Homöopathie werden verschiedenen Arzneimitteln bestimmte Märchen zugeordnet.

Manch erfahrener Homöopath gibt der Mutter eines kranken Kindes den Tipp, zusätzlich zu den „Kügelchen" mal öfter z.B. Schneewittchen, Aschenputtel oder Sterntaler vorzulesen.

Alles, was im Märchen oder in einem Mythos vorkommt ist Teil der menschlichen Psyche bzw. Seele Die Quelle, der Brunnen, aus dem getrunken wird, ist in mir und was sie ist, ist sehr unterschiedlich: Für den einen ist es die Natur, die ihm Kraft gibt, für den anderen die Religion, Gespräche mit lieben Menschen oder das Lesen eines guten Buches.

Wir tragen hohe aufbauende gesundheitsfördernde Vorstellungsbilder auch schon als Anlage in uns, wie den Prinzen, die Prinzessin, den souveränen König, den erweckenden Prinzen, aber auch Neid, Hass, Missgunst, Angst, nicht besser als alle anderen zu sein, ausgedrückt im Bild der Hexe, der Stiefmutter, des machtgierigen Zauberers oder etwas Triebhaftes, das verschlingen will – z.B. den Wolf.

So spricht das Märchen Urthemen der Menschheit an, die heute genauso aktuell sind wie vor 2000 Jahren.

Auch dort kämpfen Menschen darum, ihr Bewusstseinswachstum zu fördern und Ängste zu überwinden. Sie kamen wie wir, in Situationen, in denen ihre Lebensverhältnisse ihnen keine Nahrung zum Wachsen gaben, geistige Nahrung oder seelische Nahrung fehlte.

Dieser Zustand wird im Märchen von „Aschenputtel" in wirkender Symbolsprache, sprich „Wesenskörner" ausgedrückt. Diese in uns schon angelegte Symbolkraft verbindet uns aber mit den Tiefen der Psyche, als unsere „Seelenatome".

Alle unsere Personen in den Märchen hatten am Anfang keine Entwicklungs- bzw. Wachstumsmöglichkeiten in ihrem Umfeld. Schwer war es, diesen Zustand zu ändern. Sie brauchten anregenden Mut und Ideen, was ihnen für den Glauben an sich selbst Nahrung geben könnte und holten es sich aus ihrem seelischen Inneren als antreibende Kraft.

So wollen wir heute oft die Schritte ins Unbekannte - den finsteren Wald – als Symbol für das innere Unbewusste, sprich in das Meer des Großen Geistes nicht gehen und anstehende Veränderungen nicht angehen. So wie Hänsel und Gretel wollte auch Aschenputtel nicht in die unbekannte, angstmachende neue Welt hineinwachsen. Hier tritt nun die Stiefmutter mit ihren Töchtern als das Böse auf. Das sogenannte Böse aber, erweist sich letztendlich als der Helfer, um voranzukommen. Lernen wir nicht am meisten an den Situationen, die uns schwer fallen, oder an den Personen, mit denen wir uns in Form von Feinden reiben?

Haben wir den Mut, die Konflikte mit anderen Menschen, mit der wir nicht auskommen, anzusprechen, uns zu stellen und lösen sie nach Jahren, dann sind auch wir um einen Erfahrungsschatz reicher geworden.

Das Märchen benutzt wiederum dafür die Bildsprache und erzählt uns, wie Hänsel und Gretel im Häuschen der Hexe in Truhen und Kisten Edelsteine und Schätze finden und sich die Taschen vollstopfen oder Aschenputtel die geheimnisvollen „Wesenskörner", als persönlichen Schatz, in sich wieder entdeckt!

Diese Fähigkeit, diese heilenden aufbauenden Kraftbilder aus unserer Seele hervorzuholen, direkten Zugang zu diesen zu haben und damit Negativbilder umzupolen, unterscheidet das Märchen und den Mythos von allen Literaturformen, die es gibt. Da es die gleiche Bildsprache wie unsere Seele benutzt, hat das Märchen einen direkten, vom Intellekt nicht verstellbaren Weg und kann dort in unserem Inneren wirken, wo Verletzungen und Ängste abgespeichert sind. Keine Geschichte, mag sie auch pädagogisch - intellektuell noch so sinnvoll sein und andere wichtige Schwerpunkte haben, hat diese phantastische Fähigkeit, solche kraftgebenden Bilder, direkt aus der Seele, in eine Wirkform zu setzen.

Deshalb sind das Märchen und der Mythos der große Bruder des Traumes. Es will, wie auch die Homöopathie, nicht das Kranke oder seelisch Verletzte wegschafften, sondern „nur" so viel Kraft und Unterstützung geben, wie man braucht, um Krankheiten oder Ängste selbst bewältigen zu können.

Vielleicht ist nach diesen Ausführungen verständlich, warum ein Märchen in der Regel in einem erfüllenden Finale enden muss. Das Märchen setzt stets das Ideal, schwierige Situationen, mit dessen Eigenschaften zu überwinden, aus psychischen Nöten sich befreien zu können, mit Hilfe der Seelenkrafte, dem Ausdruck des Großen Geist in uns, um von dort, aus kräftigend, gesundend, mit erregenden Heilungsbildern, zurückzuwirken.

"Gebt also den Menschen ihre „inneren Götter" zurück, damit sie diese nicht in DSDS oder einer neptunischen Stargebräugesellschaft suchen müssen"!

So sind diese psychischen Urbildkräfte antreibende, die Wirklichkeit und den Charakter des Einzelnen und eine Gesellschaft verwandelnde Kräfte, und es kommt nur darauf an, wie der einzelne damit umgeht bzw. umgehen lernt!

In diesem Zusammenhang sind Konfessionelle Reformationen oder „Heilige Jahre" mit ihren formalen Events sind aber lediglich nur äußere Nebenschauplätze, die augenscheinlich Menschen nicht mehr oder nur kurzfristig Be-„GEIST"-ern können, weil „Der Buchstabe tötet, aber (nur) der Geist belebt".

Der Schwerpunkt müsste doch darauf liegen, dass Bewusstsein und die Gotteserfahrung z.B. im Glauben eines Jesus mit seinem „Das Königreich ist inwendig in Euch!" und „Hättet ihr nur den Glauben wie ein Senfkorn, so könntet ihr Berge versetzen!" oder „Dein Glaube hat dir geholfen!" im Leben erfahren zu können.

Deswegen sollten sie sich alle mal mit den Mystikern aller Kulturen beschäftigen, die aus der Kraft der inneren „Bildwerke" eines Allumfassenden Großen Geistes, ihren eigenen Mythos lebten, der in allem lebt und „wie Innen, so Außen" wirkt!

Wie bewegend klingt z.B. der Satz der Mystikerin Hildegard von Bingen, die Inneres über das folgende erregende Bild zum Schwingen bringt:

„Ich Bin", die höchste und feurige Kraft, habe jedweden Funken von Leben entzündet... Ich, das feurige Leben göttlicher Wesenheit, zünde ihn über die Schönheiten der Fluren, ich leuchte in den Gewässern und brenne in Sonne, Mond und Sternen. Mit jedem Lufthauch, wie mit unsichtbarem Leben, das alles erhält, erwecke ich alles zum Leben."

oder:

„Ich bin" das Licht, das über allen ist. Ich bin das All. Das All ist aus mir hervorgegangen, und das All erstreckt sich bis zu mir. Spaltet ein Holz: Ich bin dort! Hebt den Stein, und Ihr werdet mich dort finden! (Thomasevangelium)

Aber konfessionellen „Glaubensvereinigungen" predigen und programmieren aber heute noch mit Inbrunst, von unserer Kindheit an:

„Wir sind alle Sünder" – Vergib uns unsere SCHULD und unseren HOCHMUT!

Also bin ich eh' immer „SCHULDIG", mach' ich eh' immer „ALLES FALSCH" - zumindest ist da immer diese (un~)bewusste Angst. Was daraus „psychosomatisch" entsteht, ist „nahe" – liegend!"

Es beinhaltet eine gefühlte Vorstellung von einem unerforschlichen Gott getrennt zu existieren und als sein Leibeigener seinen Launen ausgeliefert, zu hoffen, dass seine „Huld" in unerforschlicher Weise auf dich „niederträufeln" möge.

Darin ist enthalten: „Ich zittere vor Furcht!"

Mit diesen Befürchtungseinstellungen schenkt das Allumfassende aber dann was der Mensch möchte: Furcht, Angst, Enge. - Das wäre eine pervertierte Ansicht deiner eigenen Göttlichkeit im Menschen. Wie soll man sich da „selbst lieben" können und sich „Hohen Mutes" der Welt stellen?

Was befreit von diesem angeblichen „Fluch" „SÜNDIG" zu sein!

Die Antwort: Was fütterst du in Dir?

Deinen Hochmut, sprich „GOTTERFÜLLTEN HOHEN MUT" mit dem Glauben an sich, aus dir, mit Vertrauen, Zuversicht und Hoffnung oder die vielbeschworene „Menschlichkeit" mit ihren Bedürftigkeiten, wie Angst und Verzweiflung und Dunkelheit?

Es ist immer die Entscheidung des Menschen was er innerlich wählt bzw. sich bewegen lässt!

„Ich bin" die Kraft, die stets das Gute will und doch das Böse schafft – aber auch das Böse ist und doch das Gute schafft! (nach Mephisto in Goethes „Faust")
„Ich bin" dein Licht und deine Finsternis: "Ich mache das Licht und schaffe die Finsternis; ich gebe Frieden und schaffe Unheil." (Jesaja-45,7)

Also! - Der Mensch ist ja geschaffen als „Sein" Ebenbild! – Wieso sollte „ER" ihn und damit sich verurteilen?

„Er" gibt dir das, was du in dir glaubst! - Deswegen bekommen wir oft das was wir in unseren Befürchtungen und inneren Bildern glauben und nicht das was wir uns vorstellen!

Die Angst also, die Befürchtung den richtigen Weg zu verpassen oder nicht zu nehmen, kann dich geradezu in das Verderben führen, weil deine Einstellung zum Weg bzw. zu deinen Situationen nicht stimmt!

Werde dir bitte in diesem Zusammenhang grundsätzlich noch einmal bewusst, dass du immer sprichwörtlich in deiner Vergangenheit lebst!

Deine Glaubenssätze sind oft die „Ur"-Sache, von bewegenden körperlich orientierten Empfindungen und Gefühlsbildern aus der Vergangenheit und schaffen damit auch wieder dieselbe Zukunft und lassen auch keine Wunder zu, die aus dem Glauben erst möglich werden.

Ein Wunder ist das, was außerhalb der vorstellbaren Möglichkeiten deines Verstandesdenkens und Wissens bzw. Überzeugungen liegt und das ist hier der Punkt:

Lass Wunder geschehen, aber Wunder geschehen lassen kannst du nur dann, wenn du die Begrenzungen deiner Vorstellungen bzw. „Nicht-Vorstellungen" bereit bist, loszulassen und deine inneren „Glaubensfesseln" zu sprengen.

Die Erfahrungen der Vergangenheit in die Zukunft projiziert, das ist das was der Verstand mit seinem „redlichen" bzw. vermeintlichen Wissen kann, das was ihm real und realistisch und vernünftig erscheint.

Einen nicht vorstellbaren Fortschritt, eine vor allem aus den gegebenen Voraussetzungen heraus nicht vorstellbare Veränderung ist der Verstand nicht bereit anzunehmen. Dort ist bei ihm oft keine Bereitschaft vorhanden.

Gemäß dem Gesetz „Alles hat eine geistige Ursache", hast du durch deine bewertenden Programmierungen deine jetzigen Ereignisse, Situationen und Darstellungen hervorgerufen. Du hältst oft zu sehr an tief in deiner Psyche arbeitenden schmerzhaften alten Gefühlen fest, und du hast das Gefühl unterzugehen, wenn du diese loslassen musst und dich eine Zeitlang auf den unsicheren Boden eines neuen Wachstums zu begeben hast.

Weiterhin braucht alles in der Materie „Zeit", um sich zu manifestieren.

Wenn du also unpässliche Darstellungen erlebst, so handelst bzw. kämpfst du immer in oder gegen deine eigene Vergangenheit.

Mit dem Kämpfen gegen das, sich im Außen manifestiert habende „Schuldige" schürst du nur noch das negative Störfeuer in deiner Zukunft.

Du schenkst diesem nur noch mehr Energie.

Aber die Frage „Was hat das mit mir zu tun", also nach der Ursache in deiner Vergangenheit, wird nie gestellt.

Du verstärkst so immer die Krankheit mit entsprechenden inneren Bildern anstatt das Gesunde in dir!

Du kannst dich weiterhin jeglicher Lernerfahrung bzw. Veränderung verweigern, aber du wirst dann immer wieder in ähnliche, meist intensivere schmerzhafte Lebenssituationen geraten, obwohl du vermeintlich an dich verstandesmäßig, mit zementierten Ansichten glaubst oder in vermeintlicher äußerer erworbener Gewissheit weißt!

Wenn du aber den Mut aufbringst den Ursachen deiner alten Gefühle ins Gesicht zu schauen, werden diese keine Macht mehr über dich haben. Durch Akzeptanz und Änderung deines (Mangel~) Innersten löst du die Ursache für deine Schwierigkeiten und du betrittst eine neue harmonischere Ebene deines Seins, die tatsächlich den Glauben und das Wunder erfahren kann!

Du bist niemals getrennt von dem, was du erfährst. Du selbst bist Beobachter und Beobachtetes.

Das, was du für deine Wirklichkeit hältst, ist dein persönliches Märchen, dein selbst erschaffenes Wunder.

Dein Glaube an dich ist die einzige Voraussetzung, derer es bedarf, um dein Leben zu meistern.

Wenn Du dich veränderst, verändert sich deine Welt!

Ist das nicht das größte aller Wunder?

Das zeigt uns im Nachfolgenden nun das Aschenputtelmärchen in eindringlicher Weise!

Gerade dieses vorliegende Buch greift also in seinen grundlegenden psychologisch-mystischen Ausführungen das Obengenannte eindringlich auf und zeigt auch praktisch, wie wichtig es ist, sich mit seinen meist unbewussten fremdgeprägten Glaubenssätzen, sowie inneren Bildern aus der Seele „zusammenzusetzen", die einen Lebenserfolg bzw. Erfüllung verursachen, gemäß dem Spiegelgesetz:

„Wie innen, so außen".

Es ist dabei von eminenter Bedeutung zu erkennen, dass es für deine Seele nicht darauf ankommt, was du tust, sondern mit welcher Einstellung zu dir es geschieht.

Aschenputtel

Im weltbekannten Märchen „Aschenputtel" der Gebrüder Grimm, verstirbt gleich zu Beginn die Frau eines reichen Kaufmanns. Mehr wissen wir dazu nicht.

Vielleicht fühlte sich diese Frau aber in der Familie des Mannes nicht genügend gewürdigt oder erwünscht, auch könnte sie sich unter Umständen sehr einsam gefühlt haben.

Aber das war der Beginn des schmerzhaften Leidensweges von Aschenputtel, von ihrer Geburt an:

Aschenputtel fühlte sich ebenso wie ihre Mutter einsam und unerwünscht. Sie war ja auch das belastende Gefühl, das ihre Mutter während der Schwangerschaft mit sich herum tragen musste!

Damit begann ihre Misere. Ihr Leben wird nun quasi zur Hölle, als ihr Vater eine Witwe heiratet und diese kurz darauf ihre zwei Töchter mit in das Haus des Kaufmannes bringt, die angeblich „schön und weiß von Angesicht" waren, aber garstig und schwarz im Herzen.

Da brach diese schlimme Zeit für das arme Stiefkind an!

Das Gefühl bzw. der Glaubenssatz von „unerwünscht, nicht zugehörig, ungeliebt" wurde verstärkt.

Denn von nun an muss Aschenputtel nicht nur alle erdenkliche Schmutzarbeit leisten, sondern sich sogar in der Asche beim Herd ihren Schlafplatz einrichten. (*deshalb wird das Mädchen auch „Aschenputtel" genannt*)

Ja! - Aschenputtel war eigentlich nicht erwünscht, abgelehnt, wurde als „Dumme Gans" verspottet, mit Prägungen bedacht:

„Wer Brotessen will, muss es sich verdienen", wurde zum sie zum „Bettvorleger" gemacht, mit schmutzigen Kleidern als Dienstbotenmagd. Das traf tief und weil es darum immer staubig und schmutzig aussah, nannten sie es „Aschenputtel". Zu allem Überfluss fing sie auch noch, aus ihrer Frustration heraus an, übermäßig viel zu essen, ward mit der Zeit äußerst übergewichtig und empfand sich dabei hässlicher und unattraktiver und nicht liebenswert.

Sie glaubte es schließlich auch noch mehr und mehr, weil sie sich alle Mühe gab, die Forderungen die an sie gestellt wurden, genau zu erfüllen, um doch noch geliebt zu werden, aber ergebnislos. Es nutzte nichts, dass sie all ihre körperlichen Leistungen dafür einsetzte um von ihrer Stiefmutter und den Schwestern geliebt und anerkannt zu werden.

Nebenbei nun sei bemerkt:

Dass die Stiefmutter und ihre Stiefschwestern nun laufend auf ihr „herumhacken", ihre Launen trotz guter Arbeit an ihr auslassen, zeigt dabei ebenso die mangelnde Selbstliebe in diesen auf, die sie sich ebenfalls über die Erniedrigung ihrer

Stiefschwester versuchen zu erlangen, um sich vermeintlich Bedeutung und Wichtigkeit zu beweisen, die sich selbst nicht geben können. Das zeigt doch dem Aschenputtelmädchen, das jetzt mehr und mehr über ihre Seelenfee aufgefordert wurde, zu erkennen:

„Ist da nicht eine Ohnmacht in mir - eine Hilflosigkeit - ein sich noch (*siehe Kindheit!*) als Opfer im Leben empfindend, sich selbst im Selbstmitleid lange selbst gemobbt habend?

Denn die Situation mit ihrem Verhalten mir gegenüber, wäre doch nicht so, wenn es in mir nicht da wäre (Wie innen, so außen!) und geht es den anderen nicht genauso?

Wären die Stiefmutter mit ihren Töchtern mit sich selbst zufrieden und rundherum ausgeglichen müssten sie sich so nervig und hässlich mit mir beschäftigen. Wenn diese doch "satt" wären, im psychischen Bereich, müssten sie mir doch keine Energie schenken bzw. drangsalieren um sich mächtig oder wert zu fühlen!

"Ja"! - Sie schlagen mich laufend auf die rechte Wange und jetzt halte die linke erkenntnisfähige Wange hin und ich sage zu mir in liebevoller Akzeptanz, wenn ich Ärger empfinde und an diese Damen denke.

Aber mit Hilfe meiner Intuition, die sich mir als Zauberfee in meinen Träumen, vor meinem „Geistigen Auge" darstellt, bin da zu eine anderen Sichtweise aufgefordert:

"Danke, liebe Familie, Stiefmutter und Geschwister, dass ihr mir zeigt, wie sehr ich mich noch als hilfloses Opfer, wie meine Mutter in ihrer Ehe empfinde.

Ich bewundere euch in eurer Darstellung für mich als göttliche Botschaft in meinem Leben und ich erkenne mich jetzt in meinem inneren 5-6-jährigen Kind, das noch in einer „Hütte unter einem Laubhaufen" sitzt und weint.

Hier gilt es nun für mich zu erkennen, dass das, was in mir ist, sozusagen in mich hineingebracht worden ist. Es ist eine Programmierung aus meiner frühesten Kindheit.

Ja, es war vielleicht noch eine „Programmierung" von meiner Mutter in ihrem Leib, wo ich als Mensch noch unbewusst gewesen war und dennoch bereits Prägungen von Trauer, Einsamkeit und Unerwünschtsein empfangen habe. Das genau war der Punkt, dass ich aus meiner jetzigen Sicht heraus natürlich nicht mehr in der Lage war, mir dieser Programmierungen bewusst zu sein. Diese schmerzhaften Gefühle und Erlebnisse meiner Mutter, drückten mir so schon vor der Geburt quasi Ihren Stempel auf, die mich in meinem wahren Sein verzerrten und quasi von mir entfremdeten.

Heureka"! – Du hast es erkannt", sprach so ihre „Intuitionsfee" zu ihrem Tagesbewusstsein:

„Jetzt bist du im **Regenbogen der Erleuchtung** – der wichtigen gefühlten Erkenntnisse über dich:

Das Kind fühlt sich im Mutterleib als Einheit mit der Mutter. Es ist die Mutter, es ist eins mit ihr. Daher ist es für deinen gesamten Entwicklungsprozess im Mutterleib natürlich entscheidend, wie mit ihr als Schwangere umge--gangen wird bzw. wie die Schwangere mit sich selbst um-geht.

Wenn du also geboren wirst, hast du quasi schon ein emotionales Raster bzw. Programmierung in dir, durch das du die Welt schon bewertest und sie gewissermaßen auf diese unsichtbare Programmierung reagiert.

Aber jetzt kannst dich natürlich auf dieser Heldenreise zu deiner Selbstfindung daran erinnern, durch wenn und durch was eine solche Prägung entstanden ist. Das ist der Sinn deiner Abenteuerreise, die du dir im „Göttlichen Reisebüro" vorgenommen hast, dich zu erinnern und dich selbst am Ende des Regenbogens, als eigener Schatz, wieder zu finden!

Denn jede Prägung kann und wird durch Bewusstwerdung quasi ausgeglichen und ausgefüllt werden, denn wie schon der Name sagt, „Etwas" hat dich geprägt, dich geformt.

Nun gilt es diese Prägungen im Leben, *(z.b. Ängste, Frustration, Zwänge, Abwehrhaltungen)* oder körperliche Störungen, wieder auszugleichen, um dich dann durch die Neutralisation in eine gesündere Form bzw. in ein harmonischer empfundenes Leben zu bringen."

„Danke" sprach da Aschenputtel hocherfreut und be-„Geist" ert zu ihrer Seelenfee - Jetzt erkenne ich mich, kann es nun auch als kleines Kind von damals in mir umarmend fühlen und annehmen:

"Ich bin so stolz auf mich - Du ich lass dich jetzt nicht alleine - Bei mir bist du jetzt sicher. Fürchte dich nicht, ich bin bei dir", sage ich -"Wir sind jetzt stark und erwachsen!"

Ich spüre schon, wie mein inneres Kind tief vor Rührung seufzt und schon beruhigt einschläft und sich ganz sicher fühlt, weil ich es so lieb habe.

Plötzlich fühle ich auch keine Wut mehr, weil mein inneres Kind, das ich selbst bin und die Liebe und das Verständnis, die ich mir gebe, ein Gefühl der Sicherheit und Geborgenheit darstellt, das ich jetzt empfinden und atmen kann."

Nun ging Aschenputtel her und überprüfte ihre Glaubenssätze beim symbolischen Linsensortieren in der Küche:

„Die Guten ins Töpfchen, die Schlechten ins Kröpfchen"!

- was im Grunde aufzeigt, dass sie ihren alten Einstellungs- und Glaubensschutt beseitigen soll, um sich wie ein Phönix aus der Asche, wie neu geboren, erheben zu können.

Wesensfremde Wesenskörner müssen da auf den Kompost zum Verrotten gebracht werden, damit die guten, sprich wesenseigenen, in und aus ihr erblühen und reiche Frucht tragen können, was in einen neuen Lebensabschnitt, quasi in eine Häutung, als Königstochter mündet!

Lass uns nun aber beginnen, näher auf das Geheimnis des Kornsortierens von Aschenputtel in der Küche eingehen!

Das Geheimnis
der Wesenskörner

In der reichhaltigen magischen Phantasiewelt der Inneren Bilder lass uns nun vom „Märchen von Aschenputtel" noch mystischer berühren. Es geht dabei um den mystischen Vorgang des „Kornsortierens", über den die Brüder Grimm so wenig berichteten!

Sie meinen nun, dass Mystik Humbug wäre und Realität die Wahrheit?

Was ist dabei nun "Wahrheit"? - wenn du meist selber nicht weist, was die Wahrheit für dich ist?

Was Wahrheit, Täuschung oder Lüge für dich bedeutet, musst du herausfinden! und das heißt mehr und mehr zur Entsprechung zw. „Innen und Außen" zu kommen!

Was für das Alltagsbewusstsein Wahrheit bedeutet, muss für das Seelische bzw. Psychische noch keine sein. Da ist das Ego, unser zusammengezimmertes Tagesbewusstsein in Phasen des Lebens auch nicht Herr im Hause, wenn deine Seele, dein Selbst, deine bisher als richtig empfundenen und erlebten erschaffenen Wahrheiten zunichtemacht um dich in einen neuen Lebensabschnitt hinein zu stoßen und das macht Angst, wie bei jeder Raupe, die zum Schmetterling werden soll, die Veränderung fürchtet. Da wird dir eine neue Wahrheit aufgepfropft!

Aber sie wird es dir durch den Großen Geist wenn nötig auch in schmerzhaften Informationsverdichtungen geben und du kannst dann stets neu wählen, oder den alten belasteten Raupenkokon mitschleppen, der dann den Glaubenssatz bildet mit deiner erlebten Wahrheit: "Das Leben ist hart!

Die Wahrheit ist immer ein Spannungsfeld zwischen dem was du erschaffst und dabei erfährst und sie wird bestimmt durch unsere Aufmerksamkeit, wohin wir schauen und von welchem Standpunkt!

Wir erfahren alle, was wir mehr oder minder bewusst oder unbewusst in Empfindungseinstellungen glauben und das schafft "Wirk" - lichkeit!
Wenn wir da mehr Ungewissheit statt scharfer Abgrenzung zulassen, sind wir für das Leben offen und schließen uns nicht ein und sind toleranter! Somit kann Wahrheit flexibler sein als Täuschung, die das was wir für Wahrheit halten in ein Dogma pressen will. So gibt es über nichts eine Wahrheit, außer sie wird erschaffen mit: "Ja- so kann man es sehen"!

In unserer auf Gegensätzlichkeiten gegründeten Welt gibt es also immer gegensätzliche Standpunkte und eine Wahrheit wird umso wahrer je mehr sie umfassender wird und eint! Wahrheiten aber, die Angst, Enge und Getrenntheit erzeugen, sind begrenzte Ansichten über etwas. Sie schließen aus, betten nicht ein, machen eng und nicht weit!
So sind unsere Gedanken - Gefühle und Erinnerungen immer unser wahres Wesen.

Denn wir haben sie erschaffen und es gibt keine Wahrheit, außer Du! erschaffst sie. Wenn man also eine höhere Wahrheit mit neuen Freiheitsgraden erschafft, die über die alte hinausgeht, ist das wieder unser "wahres Wesen" und jede Bedrängnis ermuntert einfach dazu, neue Facetten erschaffen und erfahren zu dürfen!

Unser wahres Wesen hingegen, wie man es nennen will. ist zeit- und raumlos und in der menschlichen begrenzten Form nie erfahrbar - da man dann "Alles ist was ist! - eben "Göttlich- sprich Allumfassend. Ein Mensch hingegen muss immer wählen mit einem "Ich Bin"... sprich: „Was willst du in Bezug auf deine Situation erfahren" bzw. „Ich bin das, was ich also gewählt habe in Bezug auf meine Situation zu sein."

Genauso macht es ja das Göttliche.

Es erschafft ein Bildwerk, als Seele bezeichnet im Raum , wie es sich in Bezug auf seine Situationen mit seinen Möglichkeiten, sprich Themen, durch äußere Lebenssituationen oder innere Symbole bzw. Bilder, Träume bzw. Visionen erfahren möchte!

Schauen sie sich an, was im Neuen Testament über das Pfingstwunder steht. Hier stehen nämlich Taube und Feuerzungen, als erregtes, erzeugtes, manifestiertes Symbol für spezielle psychische Energien erschaffen durch Wesenskörner, den Seelenatomen in uns, die die Seele *(germ: saiwalos, sprich „buntschillernd")* bildet, die sich wiederum im Menschen als Magier bzw. Engel oder wie im Aschenputtelmärchen, als Fee zeigen kann!

Das erinnert uns doch gleich an das entsprechende Tauben-gleichnis aus dem Neuen Testament:

„Und es geschah in jenen Tagen: Jesus kam von Nazareth in Galiläa und wurde von Johannes im Jordan getauft. Und sobald er aus dem Wasser heraufstieg, sah er die Himmel sich teilen und den Geist wie eine Taube auf ihn herabfahren. Und eine Stimme kam aus den Himmeln: Du bist mein geliebter Sohn, an dir habe ich Wohlgefallen gefunden. (Vgl.Mt.3,13-17;Lk.3,21.22; Joh.1,29-349)

oder: *„Als der Pfingsttag gekommen war, befanden sich alle am gleichen Ort. Da kam plötzlich vom Himmel her ein Brausen, wie wenn ein heftiger Sturm daher fährt, und erfüllte das ganze Haus, in dem sie waren. Und es erschienen ihnen Zungen wie von Feuer, die sich verteilten; auf jeden von ihnen ließ sich eine nieder. Alle wurden mit dem Heiligen Geist erfüllt und begannen, in fremden Sprachen zu reden, wie es der Geist ihnen eingab."*
(Apg. 2,1-11)

In der Neuzeit berichtet der Psychologe C.G. Jung, dass er in seinen hellsichtigen Träumen wohl auf die Bedeutung der Zahl „Zwölf", als Symbol der inneren Ganzheit aufmerksam gemacht wurde.

Dort ließ sich nämlich ein weißer Vogel, als personifizierte psychische Energiequalität in diesem Bild für das Geschilderte nieder und verwandelt sich in ein Mädchen (Symbol für die Seele) Wenig später verwandelte sie sich zurück in eine Taube, als Symbol für den Geist Gottes.

Die Mystik und Bedeutung der Wesenskörner

Es begab sich also, dass der König ein Fest veranstaltete, und wozu alle schönen Jungfrauen im Lande eingeladen wurden, damit sich sein Sohn eine Braut aussuchen möchte. Die zwei Stiefschwestern, als sie hörten, dass sie auch dabei erscheinen sollten, waren guter Dinge, riefen Aschenputtel und sprachen: „Kämm uns die Haare, bürste uns die Schuhe und mache uns die Schnallen fest, wir gehen zur Hochzeit, auf des Königs Schloss."

Aschenputtel gehorchte, weinte aber, weil es auch gern zum Tanz mitgegangen wäre, und bat die Stiefmutter, sie möchte es ihm erlauben.

„Du, Aschenputtel", sprach sie, bist voll Staub und Schmutz und willst zur Hochzeit? Du hast keine Kleider und Schuhe und willst tanzen!"?

Als es aber mit Bitten anhielt, sprach sie endlich:

„Da habe ich dir eine Schüssel Linsen in die Asche geschüttet, wenn du die Linsen in zwei Stunden wieder ausgelesen hast, so sollst du mitgehen."

Das Mädchen ging durch die Hintertür nach dem Garten und rief:

„Ihr zahmen Täubchen, ihr Turteltäubchen, all ihr Vöglein unter dem Himmel, kommt und helft mir lesen:

„Die guten ins Töpfchen, Die schlechten ins Kröpfchen!"

Da kamen zum Küchenfenster zwei weiße Täubchen herein und danach die Turteltäubchen, und endlich schwirrten und schwärmten alle Vöglein unter dem Himmel herein und ließen sich um die Asche nieder.

Die Täubchen, als Symbol für die Verbundenheit des Geistes mit Aschenputtel, nickten mit den Köpfchen und fingen an „pick, pick, pick, pick", und lasen alle guten Körnchen und gaben sie Aschenputtel nacheinander in den Mund.

Jedes „gute" Wesenskorn, das Aschenputtel zu sich nahm, fing nun an, in ihr zu sprechen und sich davon berührt und einfühlend, vernahm sie deren Botschaft als Wesensanteile aus sich heraus, die sich durch sie entfalten wollten!

Wesenskörner sind Symbole und Innere Bilder

Sie sind seelische Antriebskräfte zur Gestaltung des Lebens, die sich mit antreibender gefühlsmäßiger sinnhafter Kraft darstellen und erfahren möchten.

Sie haben Mittlerfunktion zwischen der Inneren und Äußeren Welt!

Sie zeigen uns auch die Ursachen, die uns an unserer Entfaltung bzw. Gesundheit hindern. Sie treiben uns an, gestalten und versöhnen - lösen blockierende krankmachende Muster und erzeugen erfüllende Resonanzen aus der Umwelt!

Sie begeistern für den Geist, der das Leben gestalten und erfahren will!

Sie wollen sich immer auf Werte und Ziele bzw. Einstellungen ausrichten, für die ein Mensch im Sinne seiner Anlagen und Möglichkeiten lebendig sein soll!

Mit dem eigenem erkannten Sinn und seinen gefühlsmäßig aufbauenden Bildern vor Augen, für die man leben und sich begeistern kann, erfährt man sich kraftvoll, schöpferisch und gesund.

Innere Bilder aus der Seele helfen Dir!

So sprach das erste Wesenskorn:

Ich bin die Mutter
als Wesenskorn deiner Erfahrung

Ich bin „Luna" – die Mutter im Bildsymbol des Mondes!

Siehe und erkenne! - Ich bin dein Wesenskorn, das dir Geborgenheit, Hingabe, Sicherheit und Ruhe als inneren Halt schenken möchte. ohne Schmerz und Angst, wie ein Neugeborenes in stiller umfassender Umarmung einer Mutter.

Ich bin das Symbol der Urmutter. Ich und das Kind, das ich als Aschenputtel auf meinem Arm trage, sind eins. Ich bin dein vollkommener Ruhepol, die Geborgenheit und Fürsorge vermittelnde Quelle, für dein Leben.
So wird mein Licht als Erkenntnis einer fühlbaren Geborgenheit und eines „Erwünscht seins" für dein Leben in dein Bewusstsein getragen und du musst es dann nicht bei anderen suchen oder dich davon abhängig machen!

Ich gebe dir die Fähigkeit, sich selbst anzunehmen und sich verbunden, mit diesen Gefühlen, selbst lieben zu können, Ja! zu sagen, zu dem was sie aus Liebe zu dir ausdrücken wollen. Das „Nein" aber zu deinen wirklichen Gefühlen bisher, hat mich in dir geschwächt und eine Ungeborgenheit in der vermeintlichen Trennung zu mir erschaffen. Mit der Öffnung für mich, wird nun dein Innerstes beruhigt, als Weg zu einer wirklichen inneren gefühlten Geborgenheit!

Dies sind meine spürbaren Einflüsterungen und beruhigendes Sein, der Weg ins Vertrauen, aus dem Geschenk des opalfarbenen Mondlichtes:

„ Ich bin Geborgen und Sicher"

Sieh von nun an, wenn du Geborgenheit und Sicherheit erleben willst, dieses Licht um dich herum, durchsichtig, durchscheinend, aus einer unendlich starken Energie, aus glänzendem Mondsilber gebildet.

Dieses Licht erlöst dich aus diesen Unsicherheiten und Ängsten. Fühle dabei den aufsteigenden den Frieden in dir, den Frieden deines nach Hause gekommen seins. Es ist eine überwältigende und doch zärtliche, behutsame Energie, die dich zunehmend aus deinen Ängstlichkeits- und Befürchtungen befreit.

„Fürchte dich nicht, ich bin bei dir" – sage ich zu dir!

Dann fühlst du plötzlich keine Angst mehr, weil das Kind, das du selbst bist und die Liebe und das Verständnis, die du dir damit gibst, ein Gefühl der Sicherheit und Geborgenheit darstellt, das du jetzt empfindest und atmen kannst.

Da streift noch einmal ganz zart ein Lichthauch dein Herz. Du spürst die Zartheit eines Säuglingskopfes in deinem Herzen und legst deine Hände darauf. Unendliche Zartheit und Liebe erfüllen es und strömt in deinen Körper.

Dabei hörst du wieder meine Worte:

„Du bist geliebt und liebens-„Würdig"

Fühle in tiefer Dankbarkeit diese unendliche Zartheit und Geborgenheit, die einem versorgenden Mutterschoss ähnelt!

So sprach das zweite Wesenskorn:

> **Ich bin das Wesenskorn von Glaube und Liebe,
> zu dem Großen Geist in dir!**

Fühle dich ein in dieses Bild!

Ich bin „Sibylla"

„Siehe und erkenne, mein Reich ist nicht von dieser Welt!

Ich bin der ein und ausfließende Atem deiner Seele, der hinter allem Leben steht und lasse dich fühlen, dass alles mit allem netzartig verbunden ist!

„Ich bin hier ein Korn, das sein Wasser ausschüttet über deine Welt der Formen, um alles Un-„Wesent"-liche und Verhärtete in dir aufzulösen und die Wirklichkeit deines Seins, als ein göttliches Ebenbild, wieder durchscheinend zu machen!

Die unstillbare Sehnsucht nach Erfüllung, die ich tiefver-wurzelt in dir brennen lasse, ist nicht zur Erfüllung gedacht. Sie ist vielmehr das ewige Licht, die Religio, die dich erinnern soll, wer du bist ist, woher du kommst, nämlich aus dem „All"- umfassenden Sein, eines sich unbegrenzt empfin-den können über ein tiefes Vertrauen in den Großen Geist, der durch den Glauben Wunder in deinem Leben bewirkt

Der **Regenbogen** gilt als eines der „Wunder" der Natur und als ein Zeichen der vielfältigen Facetten deines Lebens- und Erfahrungsmöglichkeiten, die ich dir als Wunder schenken kann.

Die innere Stimme von mir flüstert dir, Aschenputtel, zu:

„Du bist nicht von dieser Welt, und dein Königreich ist nicht in dieser Welt, also folge mir nach!

„Ich bin deine Phantasie und Intuition – Ich bin das Grenzenlose" – die Verbindung zum Sinn deines Seins"!

Diese Suche bleibt aber sinnlos, solange dies im Außen geschieht. Meine Schätze sind nur im Inneren als Inspiration und Sehnsucht zu finden.

Ich liefere aber den unendlich großen Stoff, aus dem die Träume für die Kreationen in der materiellen Welt sind.

Ein anderer Aspekt meines Wesens, die Grenzenlosigkeit kommt dem Begriff der „Liebe" hier sehr nahe. Diese wirkliche Liebe, die alles was ist, in dein Sein mit einschließt und alles als „Eines" erkennen lässt.

Ich gebe dir den Glauben, und die Gelassenheit einer Hingabe an dein Leben, die dich spüren lassen, dass die Realität des Großen Geistes als Wunder in dein Leben treten kann und es in wundervoller Art gestalten und führen, wenn du dafür offen wirst!

Fühle, die dich in diesem Augenblick verwandelnde Energie!

Fühle, wie sehr du dich in tiefster Liebe, mit unendlicher Zärtlichkeit mit diesem Licht des Bildes verbindest:

„Ich glaube, ich vertraue".

„Ich bin der Kanal für die göttliche Weisheit, des strah-
lenden göttlichen Lichtes und seiner Liebe zu dir.
Sieh durch mich das Bild deines Lebenstraumes,
der keine irdische Sehnsucht ist.
Möge die göttliche Liebe dich segnen und der goldene
Regen des Segens, seines Friedens und seines Lichtes um
dich fließen, auch für deinen Nächsten durch dich!
„Großer Geist, großes Licht, mein Herz
ist für dich in Liebe geöffnet.
Großer Geist ich atme dich, du atmest durch mich!
Wir sind eins! - ein Anfang der kein Ende hat!"

Fühle die dich verwandelnde Energie, wenn du diese einatmest. Tue es jetzt gemeinsam mit deinem Licht!

Sei dann offen und bereit, die Verwandlung der Energie in
dir zu fühlen.

So lernst du die, dein Bewusstsein verändernde Wachs-
tumsenergie in dein Tagesbewusstsein einzulassen, im Sinne
der Vorstellung einer Liebesbeziehung zum göttlichen Licht,
als unbegrenzte Weite in dir.

Fühle und erkenne:

„Ich bin die Kraft des Glaubens und Vertrauens!
Ich bin Traum und Inspiration der Liebe,
tragende Hoffnung durch Glaube an mich!"

So sprach das dritte Wesenskorn:

Ich bin der Narr,
als Wesenskorn deiner Einzigartigkeit

Fühle dich ein in dieses Bild!

Ich bin „Urania"- deine Einzigartigkeit

„Ich bin das Wesenskorn, das dir das Unvorhergesehene, den Blitz der Spontaneität und Überraschungen verheißt. Ich bin der Spötter über die Aufgeblasenheit der Könige und Überheblichen auf dem Jahrmarkt der Eitelkeiten. Ich bin deine Unberechenbare, stets im Augenblick neu sich erschaffende Seite. Ich garantiere dir deine Unverwechselbarkeit und Individualität und ich mag keine lebenslange Routine, die dich nicht wachsen lässt!

Unbeschwert und fröhlich gehe ich in dir meines Weges, als weltoffene Närrin, die sich nie von Leidenschaften beherrschen lässt und freue mich auf eine unvorstellbare bunte Zukunft.

Ja, als ich trete immer ganz plötzlich, wie ein Blitz", ins Rampenlicht dein Lebens um dich aus verkrusteten falschen Sicherheiten und damit Abhängigkeiten und Bedürftigkeiten herauszuschleudern, aus seinen Bindungen, dem Alltagstrott.

Ich lehre dich wieder das Abenteuer und das Spiel zu lernen, das Hinfallen und Aufstehen, das du als Kind so gut beherrscht hast um bunte Erfahrungen zu machen. Ich locke mit Freiheit, mit bunter Vielfalt des Daseins und des Abenteuers. Ich bin ein neues Ufer deines Seins.

Ich lasse dir Überraschungen und Neues in dein Leben fließen und pflege deine Spontaneität und zeige dir deine Einzigartigkeit.

Siehe in deinem Herzen einen kargen Boden, wo der Samen deiner eigenen individuellen Ideen eingepflanzt liegt. Diese „Bewusstseinserweiterungsenergie" streicht wie Morgennebel oder glitzernder Dampf über den Boden. Das Glitzern verstärkt sich mehr und mehr.

Jetzt siehst du die Morgensonne aufsteigen. Ein Feuerwerk an Farben, ein Feuerwerk an Freude im Herzen erwacht. Ungeheure Kraft und Stärke, absolut gigantisch sich anfühlend, erwacht in dir.

Du fühlst, dass du hineinwächst, in ein größeres und stärkeres Bewusstsein.

Die Bewusstseinserweiterungsenergie, sich zu Boden senkend, ruft die in dir liegenden Samen zum Leben. Ganz tief dringt diese erweckende Energie in den Boden.

Die Samen deiner, noch nicht verwirklichten Visionen und Ideen gehen auf und fassen Mut, brechen durch, ins Bewusstsein, wachsen, grünen und blühen empor, als neue „Blumen" eines farbigen Lebens.

Wenn du jetzt aus deinem „Hohen Bewusstsein" d.h. mit Zuversicht und Hohem Mut" erfüllt, herunterschaust, siehst du jetzt die Blumen oder die Gebilde, die aus dem Samen emporschießen, sich entfalten und emporstreben.

Fühle die Magie dieses Augenblickes und spüre, welche originellen und einzigartigen Ideen sich hinter den emporschießenden Samen und Blumen, Gebilden für dich verbergen.

Erkenne, was sich dahinter verbirgt, was nur du, auf und in dieser Erde noch entfalten und ausdrücken sollst:

Diese Kraft des Lichtes, die Ideen deiner eigenen Hochzeit mit dem Licht - deiner „Hohen Zeit", mit dir selbst, in diesem Körper, dem Tempel deines „Lichtes" – deiner Seele, hier auf Erden.

Du siehst dich jetzt auf einer Anhöhe sitzen, und schon bald durchdringt dich eine erregende neue Melodie.

„Siehst du"! - sagt jetzt dieser Merlin:

 „Du machst keine Melodie, du bist jetzt deine eigene Melodie!" im Einklang eines großen Orchesters, dessen Leitung „ER" ist!

Spüre jetzt in deinen funkelnden Augen dein einzigartiges vorwitziges und wagemutiges Temperament!

Fühle und erkenne:

„Ich bin einzigartig und erwünscht"

So sprach das vierte Wesenskorn:

Ich bin „Moira"
Wächterin über dein Lebensgesetz

Fühle dich ein in mein Bild:

Ich bin die Macht des irdischen Schicksals. Ich bin nur der Alte, karg und hart, wenn jemand die Verantwortung und Spielregeln für eben seine Existenz nicht übernommen hat.

Ich bin der, die Wesenheit die dich in deine Schranken weist, wenn du über seine Stränge schlägst und weise dich auf seine Pflichtthemen und Verbindlichkeiten hin, wo er seine Verantwortung alleine zu tragen hat.

Meine Forderung, die dabei entsteht, ist immer dieselbe: »Mensch, übernimm die Verantwortung für das, was du tust. Steh dafür ein, was dir geschieht durch dein TUN! Und hier liebes Aschenputtel hast du ja zu viel Verantwortung für andere übernommen die nicht deine ist!

Meine Gesetze sind nicht zu verwechseln mit einer Moral im gesell-schaftlichen Sinne (obwohl es oft so erscheint), denn diese ist für alle gemeinsam vorhanden. Zu meiner Person »Ja« zu sagen, heißt vielmehr, sich vor sein Schicksal mit seinen Lernthemen zu stellen, es anzunehmen, als erkanntes Lebensthema und zu sagen:

„Du gehörst zu mir"! - Das stimmt mich milde und beruhigt mich.

Ich gebe dir dafür die stabile Grundlage für dein Leben und „erde" dich, damit du die Situationen und Herausforderungen deines Lebens, mit deiner Beständigkeit, Konzentration, Ausdauer, und eigener Verantwortung beherrschen kannst.

Fühle und erkenne:

Akzeptiere meine Kraft aus meinem ockerbraunen Wesensgewand:

„Ich bin meine Kraft und Stärke,
für deine Herausforderungen-
Ich bin der Meister deines Lebens"!

Erkenne und spüre aus der inneren Wiederholung dieses Wortes heraus diese Verantwortung, die du in deinem Leben trägst, jetzt in noch viel größerem Maße als zuvor. Erkenne endlich an, dass du deine Schöpfung aus deinem Bewusstsein und dein Tun gestaltest.

Du bist in jeder Situation in deinem Leben aufgefordert, darauf zu achten, das „Licht" zu sein, d.h. der bewusste, agieren könnende Schöpfer, all deiner Situationen und Darstellungen.

Registriere tief in deinem Inneren, dass du ab jetzt keine Möglichkeit mehr hast, dich darüber zu ernsthaft zu beklagen, unzufrieden zu sein, dass du etwas nicht bekommst, machtlos bist, denn du bist das Licht, die Freiheit deines Seins, die du jederzeit aus deinem Bewusstsein, auch aus der Änderung deiner Einstellungen, in Eigenverantwortung in der Materie, in deinem Leben gestalten kannst.

Siehe, Gott stieg in dir in die Erde und manifestierte sich in dir, als ein Seelenbild, als „Göttliches Kind" des Himmels und der Erde zugleich, das sich in der Körperlichkeit erfahren möchte!

Jetzt siehst du dich stehen mit einer Fackel in der Hand.

Die Flamme dieser Fackel kann dir erscheinen, wie „Rostbraun – ockergelb".

Du spürst sie in der Hand, bückst dich nieder und verankerst sie in der Erde, mit dem dich nährenden Boden.

Du atmest weit und behutsam und siehst gleichzeitig, wie diese Flamme auflodert.

Du stellst dich in dieses Feuer hinein und überlässt dich ihm ganz und akzeptierst dies. Du spürst, wie es lodert, durch deinen ganzen Körper, durch deine Situationen und äußeren Begrenzungen und all das, was mit deinem Leben verbunden ist.

Nun dehnst du dieses machtvolle ockergelbe Feuer aus, durch dein Zuhause, in deine Umgebung und sendest es auch, in deiner weiten und unbegrenzten Vorstellung, in deine Umgebung hinein, nur durch dein weites Atmen, Wollen und deine Bereitschaft es zu tun.

So sprach das fünfte Wesenskorn:

Fühle dich ein in mein Wesensbild und erkenne:

„Ich bin Sophia!
Die Weisheit deiner Erfahrungen
und die Kraft der Entfaltung"

Ich bin das Wesenskorn im deinem Inneren, das dich deine großen geistigen Sinnerfahrungen erleben und verrichten lässt. Ich versuche dir tiefe Welt und Einsichten für dein Leben zu geben, um sich in ihnen zu spiegeln und zu verstehen.

Damit ist meine Aufgabe die „Religio", die „Rück"-verbindung zu seinen und deinen geistigen Wurzeln und deine Erinnerung an seine unendliche Weite, deiner verlorenen Seelengeschichte.

Es ist meine Aufgabe, dir den Weg dorthin, als dein innerer Seelenführer, zu ebnen, ihn zu verstehen und Fragen zu stellen. Als äußerer Therapeut bin ich für dich nur geistiger Geburtshelfer und Begleiter, niemals aber ein Träger der Wahrheit deiner Mitmenschen!

So flüstere ich mit meinen umfassenden Armen, als Führer in dir:

Ich helfe dir bewusstseinsmäßig zu wachsen, übersichtlich und vorausschauend zu planen für deinen Fortschritt und Entwicklung und schenke dir deine Weisheit, die du gewinnen sollst, aus deinen vielfältigen Erfahrungen.

Siehe und spüre beim Betrachten meiner Wesensenergie, dass da ein göttlicher Funke eines großen Wissens in deinem Inneren verankert ist, das dein Gefühl und deinen Verstand mit meiner Weisheit bereichern möchte, auch durch Wissen und seine verdaute Weisheit, die sich auch ausdrückt im erfüllten Sinn und auf dem Weg gemachter Erfahrung.

Entzünde diesen Funken in deinem Inneren durch deinen bewussten Atem, durch dein einfach dafür offen sein.

Gestatte dir wieder diese Entfaltung deiner innersten Weisheit und Wahrheit in dieser Berührung mit mir!

Spüre dabei, wie du dich als Mensch, in deiner verfestigten und vergänglichen Form in dieses Heiligtum der Weisheit tief in dir begeben hast. Dort bist du immer willkommen.

Verstehe, dass es die Aufgabe ist, das „Eine", Allumfassende in dir, aus der Begrenztheit deines Tagesbewusstseins, noch bewusster werden zu lassen, um ständig ein neuer bewusster Mensch mit neuen Freiheitsgraden zu werden, darin zu wachsen, bis du deinem eigenen göttlichen Bild, deiner höchsten Vision von dir, der „Seele" mehr und mehr ähnelst und schließlich mit ihm mehr und mehr „Eins" wirst!

Fühle dich ein, atme es ein und fühle es:

Deinen Durchblick über die Sinnhaftigkeit deiner Situationen mit ihren Lebensthemen und der Verbundenheit mit deinem Leben!

So sprach das sechste Wesenskorn:

Ich bin der Held in dir, als Wesenskorn deiner Erfahrung

Fühle deine Stärke aus der roten Farbe meines Wesens-kernes:

„Ich bin „Martina", die Kraft und Stärke"
„Ich bin stärker als jede Herausforderung!"

Ich bin der Träger deiner Handlungs- und Durchsetzungs-fähigkeit. Mir obliegt jede Form der Initiative und Tatkraft. Ich trage jene Energien, die sich nach außen, in die Welt der Formen bewegt, um sich in deiner Heldeneise zu erfahren. Nur so kann der Schöpfungsakt in seiner verdichteten Leere weitergehen.

Ich bin in vielerlei Formen an die Spitze gestellt. Symbolisch werde ich als die äußere Person des KRIEGERS von meinen anderen inneren Wesenskörnern nach vorn geschickt und gleichsam an die Front des Handelns gestellt.

Ich selber frage nie nach dem Sinn und Zweck und wofür meines Tuns.

Das ist die Aufgabe der anderen in dir, die das Wofür und den Zweck meines Tuns mit sich ausmachen. Gewissensbisse und Mitgefühl sollen sie über das empfinden, was ich als ihr Kollege im Außen angerichtet habe. Damit bin ich immer der Täter, denn nur in der Tat werde ich meinem Naturell ger-echt.

Dabei ist mein Lieblingsbruder dein Wesenskorn des Narren „Urania", mit dem ich neue unbekannte Bereiche in deinem Leben erobern kann.

Da mein Auftrag der Kampf ist, damit du dich abgrenzen und aktiv sein kannst, sehe ich es nicht gerne, wenn du „ohnmächtig, sprich ohne Macht, in einer Ecke, im Schmutz kauerst und dich zum Bettvorleger gemacht hast und „Leistung für Liebe" verkaufst!

So flüstere ich voller Tatendrang in dir:

Steh auf, tue was, zeige gestaltende Tatkraft, Durchsetzung sowie Mut, und Leistungsfähigkeit!

„Demut" und Bescheidenheit heißen dabei meiner Meinung nicht, anderen nach dem Munde reden, oder diesen zu glauben, sondern Mut dem Göttlichen in dir zu dienen und zu erkennen mit Demut – Deus, sprich Gott mit "Mut" gleich Zuversicht, in einem Glauben an sich selbst!

Für mich bedeutet das Wörtchen „Frieden" auch nicht „Lieb und Nett" sein, sondern es heißt:

„Abgrenzen" –„Umfrieden" – und da schon sind ständige Konflikte angelegt, da du dir dadurch Handlungsräume durch Grenzziehungen verschaffen muss um nicht „ohne" Macht, sprich „ohnmächtig" im Sinne deiner Selbstliebe zu sein!

Diese Grenze heißt „Respekt", den du dir auch durch Zischen und tätige Abgrenzung einfordern darfst.

Das heißt aber auch Grenzen der eigenen Möglichkeiten und Anlagen erkennen und sich dessen bewusst sein bzw. werden.

Das wäre dann „Bescheidenheit"

Durch das Anstoßen an Grenzen an die des anderen, im Sinne einer angebrachten Demut ist durchaus zu überprüfen, ob man von überholten begrenzenden Handlungsmustern Abschied nehmen muss oder aufgefordert ist, seine Grenzen zu erweitern, besonders, wenn du man schon an der Grenze erkennt, ein ohnmächtiger Bettvorleger für andere zu werden!

Also: „Liebe dich selbst" – „dich selbst, wie deinen Nächsten" - nichts weniger und nicht mehr!

Fühle und erkenne:
„Ich bin die Kraft und Stärke"
Ich besiege den Drachen der Angst vor Konflikten in Dir"

Für einen bewusst suchenden Menschen sind Konflikte in der polaren Welt notwendige Stufen auf seinem Entwicklungsweg zum Selbst.
Der Krieg, die Auseinandersetzung mit der äußeren Welt liefert erst auch die notwendige Antriebsenergie für den Inneren Fortschritt, wirklichen Frieden und Harmonie, fördert den Ausgleich zwischen den Spannungspolen des Lebens, die höhere spannungspolvereinende Lebenseinsichten erfordern.
Die Verweigerung einer geistigen Problemlösung führt dabei erst zum Waffengang. Jede Weigerung sich dem Konflikt auf geistiger Ebene zu stellen, führt in letztendlich in und über den Körper.
So war „Harmonia" auch nicht ungefähr das Kind zwischen dem Kriegsgott Mars/Martina und der Göttin der Weiblichkeit, der Venus.
Ohne den Konflikt als Spannung, als das Salz in der Suppe des Lebens verkommt es zu faden Kompromissen und endet in einem Dahinvegetieren und in Scheinheiligkeiten.
Die Aggression ist sowohl in der Natur als auch im eigenen Körper als Abwehr von Eindringlingen die „not"-wendige Lebenskraft.
Mit dem Aggredere - dem bewussten Herangehen an Konflikte, würdigen wir so das Urprinzip bzw. das Wesenskorn von „Martina" in uns. Das gibt uns Kraft und Mut, Herausforderungen zu begegnen und an den Spannungen des äußeren Lebens innerlich zu wachsen!

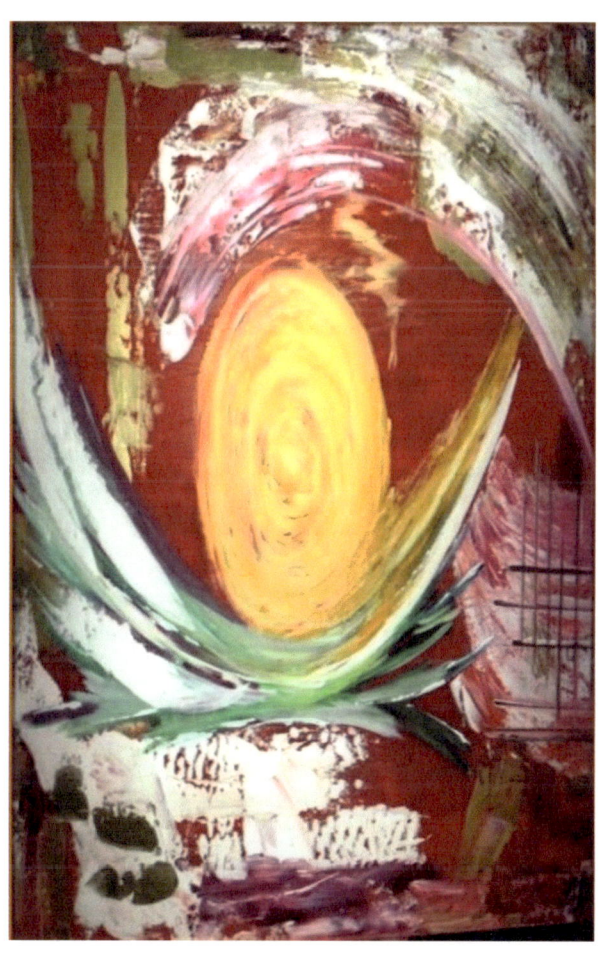

So sprach das siebte Wesenskorn:

Ich bin die stolze Königin deiner Wesenskörner

Fühle deine Stärke aus der gelben Farbe meines Wesens-
kernes:

> *„Ich bin „Hel" - dein „Stolz" auf dich -*
> *Ich bin der Mittelpunkt deines Lebens"!*

Ich bin das innerste Wesen deiner Seele in dir, der
Mittelpunkt deiner Einzigartigkeit, der stolz auf sich sein
will. Ich betrachte mich als der Hauptdarsteller im Spiel
deines Lebens. Für dich bin ich deine Vitalität und die Kraft
der Freude für dein Leben.

Ich bin die Majestät, dein EGO! – das im Mittelpunkt auf der
Bühne deines Lebens hier auf Erden stehen will.

Ich, bin die pralle Lebenskraft, die zur Entfaltung drängt,
um dein Leben sinn- und freudvoll voll zu gestalten. Ich
möchte in deinem Leben die Hauptrolle spielen und die
anderen warten auf deinen Einsatz. Ständig ermahne ich
dabei auch alle meine anderen Wesenskörner:

„Ihr müsst mir Wert, Fülle, und Anerkennung geben!" und
ich lasse meine Kriegerin Martina darum sogar kämpfen"

Ich gebe Dir den Stolz auf dich, wenn du dich in deinem
Schaffen ausdrückst, dich verwirklichst und die Freude
darüber und freue mich darüber, wenn deine Absicht und
dein Wille deinen Ehrgeiz krönen und du die Macht in
deinem Leben verspürst deine wirkliche Einzigartigkeit ausdrücken zu können!

Aber denke daran, was „Stolz" sein bedeutet:

„Ich Bin" ein Teil der Schöpfung, aber alles andere auch.
„Ich Bin" nicht mehr, aber auch nicht weniger, wie alles was ist."

Aus der Sonne in diesem Bilde erscheint nun ein Füllhorn, aus dem sich bernsteinfarbige Strahlen ergießen und sich dazu dir, zwei große Hände entgegenstrecken. In diesen Händen steht ein Thron aus goldenem Stoff. Hier darfst du nun Platz nehmen.

Du erlebst jetzt ein neues, nicht gekanntes Gefühl, als der Thron dich, weich wie ein Mantel, umschließt und in sich einbettet.

Von diesem goldenen Stoff gehen jetzt meine verbindenden Fäden überall hin und alles ist in ein intensives „Gelb-Gold" getaucht.

Spüre dieses Gefühl, mit jeder Etappe deines Weges verbunden zu sein, das Leben zu achten und zu lassen, auch in seiner fruchtbaren Entwicklung und Vergänglichkeit.

Bleibe in dem Gefühl, eingebettet in allem zu sein, und trotzdem eigenständig und in dem Maße, wie du dich voll Vertrauen vom Stolz und Freude auf dein Leben und der Liebe anfüllen lässt, diese auch deinerseits zu geben vermagst.

In dir entsteht jetzt ein goldener fließender Strom aus goldgelbem Licht und die die Stimme aus der Tiefe deines Herzens tönt blitzlichtartig:

„ICH BIN"- Einzigartig und wertvoll – Sei stolz auf mich"!

Spüre nun das Leben und die wachsende Kraft und Stärke mit ihrer Lebendigkeit in dir und wie stolz du auf dich und deine erschaffenen und noch werdenden „Lebensfrüchte" sein kannst und darfst.

Lass dir Zeit, atme und fühle dich als Königin deines Lebens ein, wie alles, was sich um dich herum darstellt, in tiefes goldgelbes Licht getaucht ist.

„Goldgelbe Sonne! - Licht und nur Licht!
Ich bin stärker als meine Lebenssituationen!
Ich bin die Stärke, Ich bin die Kraft,
Ich bin der Meister meines Lebens!"
Ich bin alles, was ist, und alles ist in mir!"

Fühle und erkenne:

„Ich bin der Stolz auf mich –
Ich bin der Meister meines Lebens"

So sprach das achte Wesenskorn:

Ich bin das Wesenskorn deiner Weiblichkeit

Fühle und erkenne aus der Innigkeit der Umarmung:

„Ich bin „Venus" und „Harmonia"
Deine Weiblichkeit und Partnerschaftsfähigkeit
Ich bin erwünscht und liebens -„Würdig"
und es wert beschenkt zu werden"

Ich bin die Geliebte in der ganzen Tafelrunde deiner Wesenskörner.

Für mich ist es sehr wichtig, deine äußere Attraktivität von außen gespiegelt zu bekommen und dafür geliebt zu werden. Für dich bin ich pure Zärtlichkeit und sinnliche Erotik, die du im Äußeren auch an dir gestalten sollst. Dafür Aschenputtel solltest du dich mal interessieren, anstatt zu glauben, in Sack und Asche hier sitzen zu müssen!

Wie deine Stiefmutter und Stiefschwestern in den Spiegel schauen, schaue ich ebenfalls in den Spiegel, und in die Tafelrunde in der Hoffnung, dass mich alle anderen begehrenswert finden.

Die Hauptenergien meines Wesens richten sich nämlich auf das Thema des Wertes, insbesondere auf die Frage:

Wie kann ich in den Augen der anderen (und natürlich in meinen eigenen!) meinen Wert darstellen und möglicherweise sogar noch erhöhen?

So möchte ich dich verleiten, sich erst einmal rasch im Äußeren mit Schminke oder hübschen Kleidern attraktiv zurechtzumachen, mit wertvollen Dingen zu behängen und zu umgeben, in der Erwartung, diese Dinge mögen deine Anziehungskraft für deinen vorgestellten Lebensprinzen erhöhen.

Ich liebe die Kosmetik- und die Mode. Alle Anstrengungen werden für dich unternommen, dass deine Person, in der Gruppe der Gleichgesinnten, als wichtiges und wertvolles Mitglied herausragen kann.

Wo immer es etwas Materielles von Wert und Wichtigkeit anzusammeln gibt, habe ich meine Hand im Spiel, um deine äußere Attraktivität bzw. deine „augenscheinliche" Wertdarstellung und da bist du liebes Aschenputtel ganz schön im Minus!

Du kannst als Frau noch so schön und sexy sein. Gelingt es dir nicht dein Äußeres dementsprechend zur Geltung zu bringen und rennst in Sack und Asche daher mit einem konfessionellem Gebetsbuch und Verhalten (symbolisch!) im Ausschnitt, aus dem du noch deinen Selbstwert mit Bettvorlegerhaltung beziehst, wirst du mit noch so viel Aufwand keine Beachtung bekommen.

Wenn du dann noch argumentierst, dass du es nicht wert bzw. „erbsündig" bist, dann stehst du bald alleine oder im Kloster, bzw. in deiner Küchenstube wo du deinen angeblichen Wert dann als Opfer gespiegelt bekommst und meinst, noch ein Berufener Gottes als leidende Märtyrerin zu sein!

Auch das Thema der Sinnlichkeit und der Erotik wird von mir verwaltet. Ich bin das Verführerische, das Verlockende. Als Korn der Symmetrie und Harmonie und Sinnlichkeit bin ich anlockende und betörende Attraktivität. Ich stelle dadurch die Nähe und Körperkontakt her, und sorge für die Bereitstellung der äußeren Attribute und lasse mich gerne besonders in ein sinnliches Spiel (einen Flirt) ein, mit dem Ziel, die einzig Begehrte zu sein.

Ich löse den Wunsch nach Nähe und der Wunsch, wichtig und wertvoll zu sein aus, der besonders oft, für die etwas einseitige Heldin in unserer Tafelrunde „Martina", die Triebfeder sogar für Kriege bildet. Ob dann die dem Flirt (und der Nähe) folgende Sexualität das hält, was ich versprochen habe, ist eine Frage, die von deinem Ego und den anderen Brüdern hier entschieden wird, zum Beispiel von deinem Egowesenskern in der Energie von „HEL".

Aber durchaus habe ich auch viel Sinn für die Themen Freundschaft, Treue, Geselligkeit und Verlässlichkeit, wo ich äußerer Spiegel sein kann, für deine wirkliche Zugehörigkeit in einer äußeren Gesellschaft.

Ich diene deiner Muße und der Schönheit!

Meine Anziehungskraft bestätigt unsere Heldin, das siebte Wesenskorn, mir immer dadurch, dass es mir durch seine Anstrengung das mühelos von außen in mein Leben zieht, was mein Schönheitsbad im Spiegel verlangt und oft um meine Gunst kämpft.

Durch diese Einflüsterungen verführe ich dich gerne zu deinem Selbstwertgefühl, über das Pflegen von Harmonie und Ausgleich, sowie Ästhetik, Freundschaft, Sinnlichkeit und Verführerisch zu sein. Ich erhöhe deine Anziehungskraft, sowie Charme und Anmut.

Daraus erkennst du, dass die Freude deines Lebens, die Harmonie und die Leichtigkeit tief in dir, nur darauf warten, von dir erkannt zu werden. Nimm dieses Bild und sei bei Betrachtung von deiner inneren Schönheit, von deiner Anmut so fasziniert, dass du nicht anders kannst, als diese zu lieben und anzunehmen, und dich so wach küssen zu lassen. Fühle dies in deinem Kuss voll Sehnsucht, voll der Hingabe an dich, an deine innere Schönheit, an deine innere Kraft, an das, was du in Wirklichkeit bist.

Erkenne, dass es eine Liebe voller Zärtlichkeit und Hingabe zu dir ist. Sieh dich als das wunderschöne Spiegelbild voll strahlender vollkommener Harmonie, das dir zeigt, dass du das Schönste in deinem Land des Erlebens bist.

Verneige dich vor dir selbst und fühle, dass diese Liebesbeziehung zu dir gleichzeitig eine Liebesbeziehung mit den äußeren Situationen, deinen Beziehungen ist, weil du all das in dir gefunden hast: Liebe, Achtung und Respekt vor dir.

Fühle und erkenne:

„Ich bin erwünscht und liebens-„Würdig"
und es wert Beschenkt zu werden"

So spricht das neunte Wesenskorn aus dir:

Ich bin die Vermittlerin
als Wesenskorn deiner Erfahrung

Erkenne aus meinem Bild der lebendigen Gemeinschaft:

„Ich bin „Merkuria" - dein Verständnis und die Kommunikationsfähigkeit für deine Welt

Fühle dabei meine Aufgabe als „Postbote" deines Lebens:

Ich bin das Wesenskorn der Vermittlung von Wissen und des Überbringens von Botschaften.

Im Grunde bin ich neutral und versuche gegenüber den anderen Korn zu moderieren und zu vermitteln. Die Menschen benennen mich als ihr Verstand, Denken oder Intellekt.

Ich sammle dabei Informationen, speichere sie ein in dir, benenne und katalogisiere sie, um sie bei Bedarf wieder "auszuspucken". Um dieser Aufgabe gerecht zu werden, muss ich alles vermeiden, was mich schwer macht und bindet. Stress mag ich nicht. Im Grunde bin ich ja neutral wie ein Postbote, hinsichtlich der Informationen, die ich liefere. Wie die anderen Wesensbrüder damit umgehen, davor graut es mir aber manchmal.

Ich tänzele als intelligentestes Wesenskorn von Ort und Ort, zwischen deinem Innerem und Außen, und als „Götterbotin" meiner Wesensschwestern zwischen Himmel und Erde.

Damit bin ich für dich immer die Interpretationsgrundlage zwischen seinem Inneren und Äußeren, bzw. wie du dich sehen willst.

Ich wäre verloren, wenn ich diese Oberfläche meines irdischen Daseins als Verstand verlassen sollte und mich auf jemanden emotional einlassen oder an eine Meinung, einen Standort binden oder abhängig würde.

Ich liefere die Kraft der "Neu"-Gierde" und in der Abwechslung bin ich in meinem Element. Meine Flügel sind dabei die Erfindungen, Botschaften und Sprachen der Welt, um wie ein Schmetterling, im intellektuellen Flug, eloquent in ihr hin und her zu flattern.

Ich bin das Mitglied deiner Tafelrunde der Wesenskerne, die den Kontakt mit der Außenwelt herstellt, auf Partys geht, dort Menschen kennenlernt, um sie dann deinen anderen inneren Brüdern vorzustellen. Im Übrigen nehme ich mich da nicht zu ernst, da für mich die Botschaft letztlich wichtiger ist, als der Bote, der sie überbringt.

In meinem Verständnis verstärke ich deine Fähigkeiten, die Verbindung deiner Lernthemen im Sinne von „Wie innen so außen" richtig zu sehen". Dabei bin ich der Katalysator und Durchblick für das klare und wesentliche Zusammenspiel, das der Tafelrunde zu einer einheitlichen Präsentation in dir verhilft. Dieses Zusammenspiel lenke ich koordinierend mit Vernunft und Ratio in angepasste Bahnen. Ansonsten gäbe es Chaos und Fehlinterpretation, was oft genug vorkommt, wenn ich als Pressesprecher der Tafelrunde übergangen werde.

Ich bin auch der Alltagsbewältiger, der sich, als Vernunft zeigend, stets den Umständen beugt, um Konflikte diplomatisch zu vermeiden. Ich versuche Ordnung aufrecht zu erhalten, um zu überleben. In diesem Punkt kannst du dich allerdings auf mich verlassen: Wenn ich ungestört arbeiten kann, beobachte ich gut und warne dich als Mahner immer gemäß den vorliegenden aktuellen Informationen vor Gefahren.

Vielleicht hörst du mich, dabei sprechen:

„Ich berühre deine Augen, und damit gebe dir dein Sehvermögen zurück, so dass du jetzt klar deine Situationen sehen kannst - mit Freude und mit einer neuen Frische des Blicks.

Ich berühre deine Lippen, und du erhältst damit die Freiheit zu sprechen. Ich umarme dich und du erhältst damit die Freiheit, auf Umarmungen zu antworten und die Freiheit, dich auszudrücken.

Ich berühre deine Stirn und du hast jetzt die Freiheit zu denken, etwas zu wissen, und dir über die Fülle deiner Möglichkeiten klar zu werden, frei von Zweifeln.

Ich achte dich, und du ehrst dich selbst, weil du jetzt das Bewusstsein deiner Befreiung kennst.

Fühle und erkenne:

„Ich bin das Verständnis für deine Welt"

Geheimnisvoll begannen nun die Wesenskörner in dem Topf zu leuchten und Aschenputtel sah, wie sie sich zu einem leuchtenden Kreis verbanden.

Es erschien Aschenputtel wie ein überirdischer Druidenzauberers, ähnlich dem alten Zauberer Merlin.

Geheimnisvolle Beschwörungen murmelnd, berührte er den leuchtenden Kreis mit seinem Zauberstab, dabei noch mystische Figuren und Symbole in den Raum zeichnend.

Vor ihrem geistigen Auge sah sie sich plötzlich in einer großen Kirche sitzen und wieder Merlin im Priestergewand, vor einem Altar stehend. Dieser hielt nun einen buntschimmernden Kelch, ähnlich dem Gral von Parzifal, in den erhobenen Händen, als den Linsentopf, der sich in diesen verwandelt hatte!

Zu ihrem Erstaunen sah sie sich im Königinnengewand vor ihm stehen, die Hände ausgebreitet um offensichtlich den Segen ihrer vereinten Wesenskörner zu empfangen.

Hinter ihr, auf den Bänken saßen staunend ihre Verwandten, Stiefmutter und Schwestern und ein buntes Publikum. vor Ehrfurcht erstarrt. Ganz wohl war ihr dabei noch nicht, soviel Beachtung und Ehre zu bekommen.

Aschenputtel durchschaute aber durch ihre Merkuria die Energie des Großen Geistes in ihr, der ihr zuzwinkernd in diese Rolle geschlüpft war. Sie fühlte diese liebevolle Energie mit jedem Atemzug tiefer und intensiver.

Trotz des fröhlich geheimnisvollen Bildes legte sie eine absolut tiefe heilige bedeutungsvolle Stimmung hinein.

Je tiefer sie sich auf dieses Bild nun einließ, desto mehr kam sie mit den gesammelten Zauberenergien ihrer Wesenskörner in Berührung.

Ein nebliger Dampf entwickelte sich, glitzernd, belebend, einen zauberhaft mystischen Duft beim Einatmen hervorrufend, berauschend, beglückend und erhebend.

Die Wesenskörner, als Samen, ihrer noch nicht verwirklichten Visionen und Ideen brachen auf und begannen zu wachsen und zu grünen und blühten nun empor, als ein Meer farbiger Blumen, einem Regenbogenmuster ähnlich!.
.
Sie fing an zu fühlen und zu spüren, welche originellen und einzigartigen Ideen und nie gekannten Gefühlen, sich hinter den emporschießenden Wesenskörner für sie verbargen. Es überkam sie ein Gefühl von außerordentlicher Ruhe.

Sie war von einer unbeschreiblichen Freude erfüllt. Es war nur Freude, eine friedvolle, besänftigende Freude, als ob jegliche Angst oder Spannung aus seinem „Körper" gewichen wäre, eine begreifliche Freude von Eins-Sein".

Jetzt hörte Aschenputtel hörte ihre geistigen Wesenskörner, gleichsam wie durch einen Regenbogen, als Einheit in sich sprechen:

„Wir sind hier- Wir sind jetzt gewahr in dir!
Wir sind jetzt befreit- Wir sind verbunden!
Wir sind stark-Wir sind heil"
Wir werden jetzt eins- werden jetzt eins.
Ein Geist, ein Geist, ein Geist, Dein Göttliches
Selbst - die vereinte Kraft deiner Seele.
Eine Einheit, eine Ganzheit, ein Bewusstsein.
Eine immer tiefer werdende Einheit.
Ein immer tiefer werdendes gemeinsames
Bewusstsein.
Wir werden eins - Ein Geist!
im Lichte unseres Regenbogens!

Vor ihrem geistigen Auge kristallisierten sie sich nun zu
dem strahlenden Symbol einer Fee, in der sich der Große
Geist in ihrer Seele nun zeigte!

Die Fee sprach:

„Aschenputtel, merkst du jetzt, dass du durch das Erfahren deiner Wesenskörner stärker wirst und aus deinem Herzen intuitiver; dass du als meine Seele jetzt reicher wirst, weil du teilgenommen hast an diesem Zusammenfließen der Bewusstseinsströme deiner Wesenskerne, dass du jetzt etwas mitbringst aus diesem Becken, und diese Bereicherung bleibt jetzt bei dir.

Du atmest es ein, diese „Bewusstseinserweiterungsenergie" in dein Herz und empfindest diese wie Ambrosia und Nektar.

Denke jetzt dabei an die Vielzahl von Samen mit ihren Eigenschaften in deinem Herzen, diese bisher nicht wahrgenommenen und gelebten Ideen und Gedanken und wünsche, dass diese gemäß deinem Lebensplan nun in deinem Herzen zu sprießen beginnen.

Siehe in deinem Herzen einen kargen Boden, wo der Samen deiner eigenen individuellen Ideen eingepflanzt liegt. Dieser entstehende „Bewusstseinsregenbogen" streicht wie Morgennebel oder glitzernder Dampf über den Boden.

Jetzt, Aschenputtel, siehst du die Morgensonne aufsteigen. Ein Feuerwerk an Farben, ein buntes Feuerwerk an Freude im Herzen erwacht.

Du atmest es ein. Ungeheure Kraft und Stärke, absolut gigantisch sich anfühlend erwacht in dir. Du fühlst, dass du hinein wächst in ein größeres stärkeres Bewusstsein.

Wage es anzunehmen:

„Das Göttliche ist in mir"!

Sei willkommen, der du reinen Herzens eingetreten bist, in den Kreis derer, die in sich die lichte Weite gefunden haben. Fühle dich ein, was sich dahinter verbirgt, was nur du auf und in dieser Erde noch entfalten und ausdrücken sollst.

Es ist diese Kraft deines Lichtes, die Idee deiner eigenen Hochzeit mit dem Licht - deiner „Hohen Zeit" mit dir selbst, in deinem Tempel des Lichtes hier auf Erden.

Fühle es ganz deutlich ganz intensiv:

Gott und das Licht beschützt diese Idee vor deinen Zweifeln und Ängsten, bis du bereit geworden bist, diese zu entfalten, frei von diesen nagenden Heuschrecken, diesen destruktiven Zweifeln deiner Ängste. Fühle, sieh und entfalte das alles auf dieser heilsamen Ebene des Atmens, was sich dann Schritt für Schritt auf in deinem Leben zeigen wird.

Sieh, in dich hinein blickend in dieser unendlichen inneren Weite und erkenne dieses Licht. Schau es dir an, erkenne wieder die Unbegrenztheit des Lichtes in dir.

Die Stimme der Fee, sprach weiter:

„Atme es ganz weit ein, deine Verbindung mit mir!
Ich bin eins mit dir, mit deiner Kraft.

Lass es dir bewusst werden, dass du mit der Kraft, mit all diesen Qualitäten in Verbindung stehst. Du bist eins damit, du kannst dich eins mit mir empfinden.

Sieh deine Kraft, aus der von Licht umfluteten Versammlung deiner Wesenskörner, durch dich strömen. Empfinde dein Bewusstsein der Kraft und Stärke und des Vertrauens in dir nun wachsen.Es geht darum, dass du dich noch weiter und tiefer zu öffnen wagst, und dich dabei voll des Vertrauens auf die Göttlichkeit, das „Allumfassende", den Großen Geist in dir, ausrichtest.

Diese Energie berührt dich, und gleich der Berührung mit einem Zauberstab geschieht das Wunder in dir, ein neues Licht erscheint in deinem Bewusstsein. Eine neue Energie strahlt dann in jeder Zelle deines Seins, eine neue Energie erwacht in dir. Ein neues Zeitalter, eine neue Geburt bricht an, in jeder deiner Zellen.

Sieh nun wie du größer wirst, strahlender und strahlender, erfüllt von der Liebe meines Lichtes in Dir und diese nun auch ausstrahlend könnend. Atme nur sanft und behutsam ein, diese Kraft und dieses Eins sein mit dieser Kraft.

Höre dabei auf, dich mit deinen Gedanken zu begrenzen. Sieh, dass die Zeit gekommen ist offen zu sein, für die Liebe des Göttlichen, die dich führt in deinem Leben. Diese Liebe beschenkt, beschützt und behütet dich.

Wenn du diese Liebe einatmest, diese Liebe als eine Kraft empfindest und die Führung dieser Liebe erkennst und ihr folgst, so führt sie dich durch alle Schwierigkeiten hindurch.

Sie führt dich sicher um alle Schwierigkeiten herum und sie führt dich so sicher, dass du von den Schwierigkeiten gar nichts mehr spürst, gar nichts mehr merkst.

Aufgrund deiner sich verändert habenden Bewusstheit, einer anderen „Schwingung" deines Seins, deines von Erfahrung, Weisheit, Glaube, Kraft und Zuversicht erfüllten Bewusstseins, kannst du dich in der neuen Ordnung deines Lebens geborgen empfinden.

Du fühlst, dass du nie etwas falsch machen kannst durch die Gewissheit in dir, dass Gott alle Zeit für dich da ist.

Siehe ich bin die Kraft, ich bin die Stärke. Ich bin die Wahrheit deines Seins. Fühle das erwachende Vertrauen und erkenne, dass dieses Vertrauen in diese Kraft und Stärke die Basis ist, für dich ein neues erfülltes Leben aufzubauen."

„Aschenputtel, als mein Traum! – „Ich", als buntschillernde Ganzheit, als Seele in dir, bin in die Materie gegangen, um zu wirken. Deine Wirkung erfolgt mit der Wahl des richtigen Werkzeugs zum Handeln gepaart mit der Einzigartigkeit von „Urania! (*Vgl. germ. Seele – saiwalos – buntschillernd!*)

Du bist das Band, die Brücke zwischen Unten und OBEN – Sohn des Himmels und Tochter der Erde! – die Verbindung zwischen „Sybilla" und „Moira"!

Du bist der Träger des göttlichen Funkens in dir, in der Geborgenheit von „Luna" mit „Moira" die grobe Materie mit Formen erfüllt und dich darin mit Hilfe der Kraft deiner anderen Wesenskörner erfahren sollst. Was nutzt das Wollen von „Hel", wenn es sich nicht erfüllt in der Tat durch „Martina". Was nutzt das Wissen und Erkenntnis über mich durch Sybilla", das sich nicht ausdrückt im erfüllten Sinn und auf dem Weg gemachter Erfahrung.

Darum sollst du hier leben und gestalten, im immerwährenden Umsetzen von Erkenntnis über „Merkuria". Denn was ist, entsteht durch die Tat mit dem dazugehörenden ästhetischen und sinnlichen Wesen von „Venus".

 Du meißelst dich selbst durch die Tat in deinen einzigartigen formgewordenen Abdruck in der Zeit.

Siehe, „Ich bin Innen, wie Außen!". In der Erde bin ich, der „ICH BIN", das, was du mit mir erschaffst, in deiner körperlichen Form!"

Die Stimme klang noch lange nach, und es war Erregung pur, die sich abbildete, als ein leuchtender Regenbogen, den die Geisteskörner im Raum bildeten, der sich mit Aschenputtel langsam verband und als starker Lebensbaum begann, in Aschenputtel zu wachsen und das Licht ihrer Seele, mit ihren Wesenskörnern, begann aus ihr noch stärker zu leuchten.

Sie war nun ein starker fruchtbarer und schöner Ast mit wunderbaren Früchten am Weltenbaum!

Aschenputtels Erleuchtung

Aschenputtel fiel es nun mit einer wachsenden inneren Heiterkeit wie Schuppen von den Augen:

"There is no way to be happy - Happiness is the way!"

„Ich als sehr solide, kompetente Persönlichkeit mit Verantwortungsbewusstsein. geht, um sich die Berechtigung für ihre Existenz ihr Zubrot zu verdienen, mit Putzen und Kochen als Dienstmagd und war erst mal damit einverstanden und erledigte die Dinge des Alltags als „Hereinforderung" mit Akzeptanz und Freude bzw. Gleichmut!

Dies war natürlich sehr stressig und nicht immer erfreulich, wie sie behandelt wurde, vor allem dann, wenn gewisse Verwandte aus der persönlichen Vergangenheit und Umgebung ihr demonstrieren, wie „SCHÖN und LEICHT" sie's zurzeit haben.

Wie gesagt: Es wurde „demonstriert"!

Ihre reifende bzw. heranwachsende kompetente Persönlichkeit sucht nun Rat bei ihren meditativen Dienstleistungen als Magd, in ihrer Seele und bekam Erkenntnis:

Warum ist das Leben so ungerecht zu mir?

„VARIANTE 1" - meiner bisherigen Erklärung:

„Du tust es für Deine Mutter oder dafür, dass deine Verwandten dich endlich lieben"!

Ja, sagen die Wesenskörner in mir:

„Du Arme musstest immer „Putzen" und „Kochen", als Magd
für die ersehnte Liebe deiner „Familie", kamst aber so nie
auf einen grünen Zweig…"

Also muss ich mit tiefem Seufzer in ihren Fußstapfen mein
trauriges SCHICKSAL erleiden?

„VARIANTE 2" aber im Sinne einer intuitiven durchblick-
enden Lebenseinstellung:

„Putzen" und „Kochen" waren für mich symbolisch eine „spiri-
tuell- meditativ" empfundene „ HEILIGE HANDLUNG" der
„Reinigung" und Selbsterkenntnis.

Ich habe durch dieses RITUAL jetzt nicht nur den Boden
gereinigt. Ich habe für mich meine „Wohnung", sprich mein
Bewusstsein gereinigt und geklärt. Ich habe es für mich
getan!

Ich habe in diesem ständigen Tun agiert als „PRIESTERIN",
gleich einem Engel Gottes, der mich liebevoll reinigt, von
alten Glaubenssätzen über mich. Damit habe ich mein Leben
gesegnet.

Resümee:

Ich bin eine vom Leben, von „Gott gesegnete „PRIESTERIN"
in meinem Tun!

Aber ich erkenne jetzt:

Welche Perspektive ist mir lieber?

„Ich arme, geschundene Putz- und Küchenmagd mit „nix"
grünem Zweig in meinem Leben"

oder:

„Ich agierte doch in meiner Einstellung der Freude und
Akzeptanz als „HOHEPRIESTERIN" für mich und erkenne
jetzt wie erwähnt, die tiefe spirituelle Bedeutung meines
Tuns!

Wie entwickelt sich mein Leben jetzt bei SICHTWEISE 2"!

Möchte ich „Aschenputtel" bleiben oder die „Königin" meines
Lebens werden?

Ja! - Selbst als Putzfrau war ich für die Gesellschaft im
selben Tun unentbehrlich und ich habe in meinem jahrelan-
gem Tun, jetzt meinen Selbstwert in dieser Unentbehrlich-
keit entdeckt!

Ich erkenne durch meine Wesenskörner auch:

Stolz und Selbstliebe passen sehr wohl zusammen.

Ich darf und kann sehr stolz sein auf das, was ich geschaffen habe und „stolz auf meine Leistung sein, was ich in meinem Leben bewirkt habe" - und meine Verwandten haben mich gebraucht für ihr Leben!

Aber falscher Stolz, der mit Selbstliebe nicht zusammen passt wäre:

„Ich bin besser als der andere, mehr wert" und anerkennt damit die Göttlichkeit des anderen nicht!

Ich musste für meine Entwicklung in die Tiefe gehen, dort in das Tal der Tränen, auf meine erlebte „via dolorosa" – meinem schmerzlichen Weg, wo ich auf mich selbst traf. Dort galt es kein besserer Mensch in den Augen der anderen zu werden, um sich geliebt zu fühlen, sondern "Schau hin und erkenne" und gehe weiter, lass deinen verdrängten Schmerz über den Tod deiner Mutter und die damit verbundenen Trauerbilder zu und sage:

„Ja das war ich" – „Ich habe verstanden!"

Dann erst bekomme ich "GLAUB"-"Würdig"- keit!" und damit das Geschenk meiner wirklichen Einzigartigkeit mit Glauben, Kraft und Stärke für mich!"

Für Aschenputtel war es nun sehr „einleuchtend":

Ich konnte machen was ich wollte, mit höchster Qualifikation und Wohlverhalten. Ich wurde nicht erfolgreicher, anerkannt und geliebt.

Keiner wollte mich eigentlich haben, trotz guter Arbeit und steigender Qualifikation. Mir ist bzw. wurde ein unsichtbares „Schild" auf die Stirn geheftet:

"Ich bin überflüssig"- schon in meiner Kindheit- abgeschoben. Stetig war ich "ÜBERFLÜSSIG"!

Mein notwendiges Verstandesbewusstsein erkennt jetzt:

Das „Schild" „unerwünscht und überflüssig" klebte immer noch auf der Stirn! - Ich akzeptiere aber jetzt, weil ich die Lösung erkenne:

Ich kämpfe nicht im Äußeren dagegen, sondern ich ändere meine innere Einstellung zu mir mit einem gefühlten Bild einer stolzen Prinzessin und zugehörigen Symbol und Gefühl und Botschaften meiner Wesenskörner, was ergibt:

"Ich bin stolz auf mich! - und fühle mich nicht mehr als „Aschenputtel", sondern ich kann mich als Königin in meinem Leben erkennen durch die Liebens –Würdigkeit" zu mir.

Ja! - Jetzt arbeiten mein Verstand + Gefühl + Intuition nun zusammen und bei allem was ich jetzt, tue, bei jeder Verrichtung und Handhabung (Küchenarbeit, Kaffeekochen, Schreiben, etc.) Bild, Symbol und rufe ich mein entsprechendes Gefühl aus meinen Wesenskörnern hervor mit:

"Ich bin stolz auf mich", für das was ich bisher geleistet habe und bin es wert vom Leben beschenkt zu werden!"

So kam der Schicksalstag, wo nun der König des Landes auf seinem Schloss eben das vorher genannte Fest ausrief, zu dem er alle Jungfrauen aus seinem Königreich einlud.

Auch Aschenputtel möchte dieses Fest nun besuchen, doch die Stiefmutter lässt nichts unversucht dieses Vorhaben zu unterbinden.

Das Wunderbare aber geschah!

Gott, der Große Geist, sandte ihr symbolisch bzw. offenbarte sich, ihre Zuversicht und neue Einstellung erkennend, wieder im Symbolbild der Fee, sprich einer Verheißung einer glücklichen Zukunft. Die Fee beschenkte sie mit einem goldenen und silbernen Kleid, und mit Seide und Silber ausgestickte Pantoffeln.

Er antwortete als auf ihre neue Einstellung der Selbstliebe!

In aller Eile zog sie das Kleid an und ging zu der Hochzeitsfeier.

Ihre Schwestern aber und die Stiefmutter erkannten sie nicht mehr und meinten, es müsste eine fremde Königstochter sein, so schön sah sie in ihrer neuen Einstellung mit dem goldenen Kleid aus. An Aschenputtel dachten sie gar nicht und meinten, es säße daheim im Schmutz und war bei dem Sortieren von Linsen aus der Asche.

Der Königssohn aber kam Aschenputtel entgegen, nahm es bei der Hand und tanzte mit ihm.

Er wollte auch mit sonst niemand tanzen, sodass er ihre Hand nicht mehr losließ, und wenn eine andere kam, um ihn aufzufordern zu Tanz, sprach er entschlossen: „Das ist meine Tänzerin."

Als sich daraufhin der Prinz in Aschenputtel verliebt, versucht sie ihm zu entkommen Auf der Flucht verliert Aschenputtel einen goldenen Pantoffel. Anschließend lässt der Prinz im ganzen Reich nach Aschenputtel suchen.

Die beiden Stiefschwestern versuchten vorher noch vergeblich dem Königssohn weis zu machen, dass sie doch seine Geliebten wären. Aber mit Hilfe des goldenen Schuhs findet der Prinz aber doch noch zu Aschenputtel, nachdem er alle Mädchen einzeln den Schuh anziehen lässt …und im Happy-End ihrer Bewusstwerdung wurde sie letztendlich tatsächlich seine Königin!

Aschenputtel erkannte für sich:

„Wenn ich mich ändere, ändert sich meine Welt und ich bekomme immer, was ich über meine Einstellungen glaube!"

„Ich bin „EINZIG"-·ARTIG – Ich bin „GÖTTLICH" – der Glanz meiner Seele in meinem Leben!"

Stelle dir nun vor, du hättest dein Licht bzw. dein „Selbstwertgefühl" von Anfang deines Lebens an gehabt. Wie leicht wäre dein Leben gewesen!

Aber es ist nie zu spät! - Was fütterst du also in Dir:

Deinen Hochmut, sprich gotterfüllten „Hohen Mut" mit deinem Glauben an dich, Vertrauen, Zuversicht und Hoffnung oder die vielbeschworene „Menschlichkeit" mit ihren Bedürftigkeiten, wie Angst und Verzweiflung und Dunkelheit?

Es ist immer deine Entscheidung, was Du wählst. Denn du bist sein Ebenbild! - Wieso sollte „ER" dich und damit sich verurteilen?

Er gibt mir das, was ich in mir füttere!

Die „Wirklichkeit ist jetzt und sie beginnt und endet mit mir und du erschaffst sie jeden Augenblick neu. Sie besteht aus den Erfahrungen und Empfindungseinstellungen, die du für wirklich hältst. Sie kann also alles sein, je nachdem für was du sie siehst und mit welcher Einstellung zu dir du sie nährst!

Die Eingangstür zu meiner Wirklichkeit ist mein unzweifelhafter Glaube, dass ich sie erleben kann. Es ist immer meine bewusste oder unbewusste Entscheidung, die meine erfahrbare Wirklichkeit erschafft.

Die wirklich tiefere Wahrheit besteht nun für mich darin, zu erkennen, ob die Wirklichkeit, die ich erschaffe bzw. erschaffen will, für mein Leben funktioniert und mich damit verbindet und mich somit zu mir selbst führt, in den "RE" - Spekt und der Achtung vor meiner Göttlichkeit in mir Rechnung tragend.

("Re" - Ägyptischer Sonnengott und "Spekt" - lat. "spicere" anschauen!)

Ich bin niemals getrennt von dem, was ich erfahre. Ich selbst bin Beobachter und Beobachtetes. Das, was ich für meine Wirklichkeit halte, ist mein persönliches Märchen, mein selbst erschaffenes Wunder.

Mein Glaube an mich und die Bereitschaft zur "Selbst"-erkenntnis ist dabei die einzige Voraussetzung, derer es bedarf, um mein Leben zu meistern. Wenn also eine Wirklichkeit meinem Leben und der Verbundenheit mit diesem nicht dient, kann ich eine neue erschaffen!

Wenn „ICH" mich verändere, verändert sich also meine Welt!

Ist das nicht das größte aller Wunder?

Der Sinn des Lebens ist der, dem ich ihm gebe und das Leben antwortet immer darauf. Deswegen bin ich ja immer unter allen Umständen erfolgreich, da ich immer das bekomme, was ich mit meinen Einstellungen und Glaubenssätzen gesät habe, selbst im Prinzip auch eine Krankheit.
Eine Erfahrung der Krankheit, die nicht erschaffen oder gebraucht wird, kann man so auch nicht bekommen!

Wenn ich daraus jetzt erkenne, dass ich meine eigene "Wirk"-lichkeit bewusst oder unbewusst erschaffe, lerne ich sie mit der gleichen Liebe, Achtung zu erfahren, wie es das Allumfassende mit mir tut!

"Ich bekomme immer was ich wünsche", somit gibt es keine gute und böse Wirklichkeit.

Alle Wirklichkeiten existieren gleichzeitig und ich habe die Wahl, welcher ich meine Aufmerksamkeit widme und damit „heilige"!

Rufe nun auch du deine Helfer, die die Gemeinschaft deiner Wesenskörner in Form deiner Seelenfee an, um Hilfe, Führung und „Erleuchtung" deines Weges. Bitte sie um Hilfe nach Verkörperung deiner umfassenden Erkenntnis, für deine Anlagen und Möglichkeiten.

Wenn du nun ganz still sitzt, richte deine Aufmerksamkeit auf die Mitte in deiner Brust, zum Herzen. Öffne dein Herz durch dein Hineinatmen ganz weit.

Lass dich, mit tiefster Aufmerksamkeit und einem überwältigen Gefühl der Dankbarkeit von deinen Wesenslichtern tragen und atme Dir zu:

> „Liebe Wächter meines Wesens, eilet mir voran,
> Euer Licht ist die Kraft, die Wahrheit meines Seins.
> Liebe Wesen des Lichtes, ich liebe und umarme euch.
> Ich bin innigst mit euch verbunden.
> Ich segne euch, euch in mein Herz nehmend!
> Eilet voran meinem Weg, eilet voran meinem Weg des Glücks,
> der Harmonie, der Freude!
> Öffnet mir Tür und Tor zur Erreichung meines Paradieses.
> Wesen des Lichtes: Ebnet mir meinen Weg -
> Lasst herunter regnen eure Liebe auf mich!
> Löset für mich all die Schwierigkeiten auf meinem Weg und
> euer Friede sei mit mir!
> Wesen des Lichtes, Wesen der Liebe - ihr, die ihr da seid,
> mich zu begleiten und mich zu beschützen,
> mir etwaige Steine aus dem Weg zu räumen und zu bereiten,
> den Weg zum Reichtum meines Herzens
> Ich fühle mich innigst damit verbunden!"

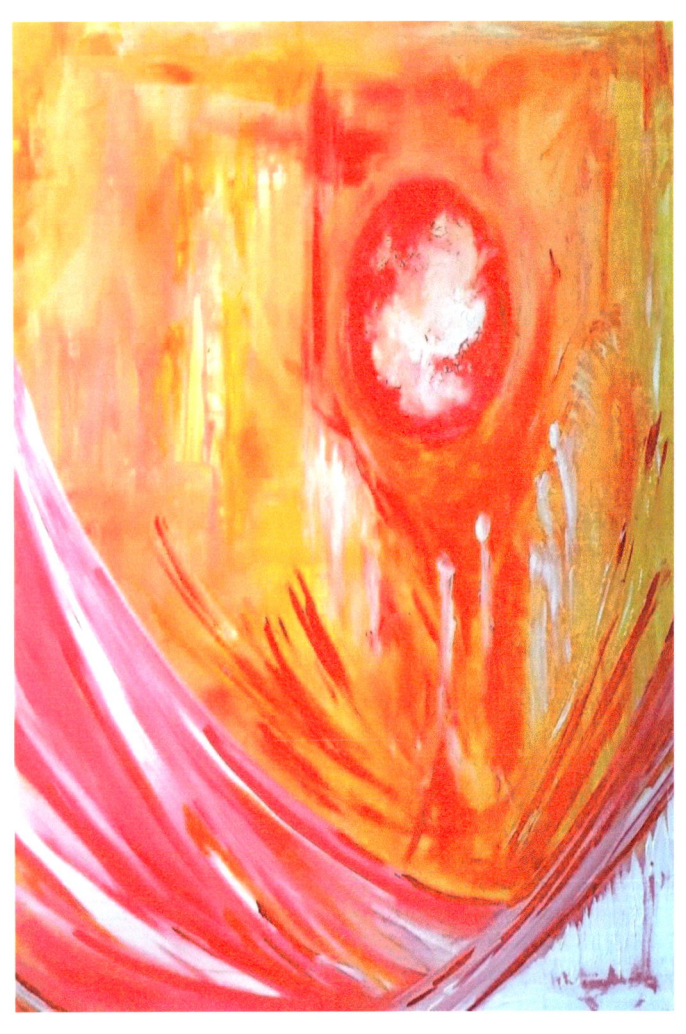

Die Essenz der Wesenskörner

Was will uns nun das Aschenputtelmärchen lehren, besonders in Verbindung mit den Ausführungen über ihre Wesenskörner, als Seelenatome, mit ihren schöpferischen Gefühlsqualitäten, im vereinten „Regenbogen"?

Die Liebe zu deinem Selbst, sprich zu dir, hat tatsächlich sehr viel mit psychischer Einstellungsqualität zu tun und sie ist nie etwas Getrenntes von dir, sondern deine Seele, dein Selbst und du als ich körperlicher Ausdruck seit immer eines.

Du kannst nie von deiner Seele bzw. dem Allumfassenden getrennt existieren, da dies alles beinhaltet, also unbegrenzte Fülle sein muss und nichts außerhalb von ihm existieren kann!

So ist das „Allumfassende" oder der „Große Geist", oder wie immer du es auch nennen magst, auch in deinem Selbst unbegrenzte Fülle und nie begrenzt. Alles ist Sein Ausdruck, sein Tempel, sein Instrument der Sinneserfahrung und die Welt dort draußen ist auch alles was er ist. Er ist innen, wie außen. Er ist das Leben in der Körperlichkeit als auch die Weite in deinem Inneren.

Du bist in Gott und Gott als Allumfassendes ist in Dir, so wie Dampf, Wasser und Eis in einem Topf dasselbe sind, bist du nie von ihm getrennt. Deshalb pflege deine Körperlichkeit, pflege deine Sinne und sinnliche Erfahrungen!

Nur du hast die Macht zu entscheiden, wie du sie erfahren willst, sprich mit welcher Einstellung zu deinen eigenen „Wesenskörnern", deren Ausdruck du zulassen oder blockieren bzw. mit deinen Empfindungen du verzerren kannst!

Dein Herz, sprich der gefühlte Sitz deiner Empfindungseinstellungen, ist voll mit allen möglichen Gefühlen/-Einstellungen, sprich „negativer" destruktiver bedürftiger Art und „positiver" schöpferischer aufbauender Art, bzw. fremder Wesenskernprogrammen.

Diese wurden in den Menschen oft schon im Mutterleib „eingeprägt", als er sich in deinem Menschsein noch unbewusst gewesen ist. Was dann dort einge-„PRÄGT" ist, wird gemäß seinem Inhalt in die Welt getragen und bekommt Resonanzen in vielfältigen Formen.

Seinem Herzen nun bewusst oder unbewusst zu folgen hieße, dass der Mensch als Schöpfer seiner Welt, als Gottes Ebenbild, an Gefühlen wählen kann, was sich dann auch in Gedanken, Wort und Tat äußert und zu entsprechenden Resonanzen führt.

Das ist oft sehr schwierig, wenn man bedenkt was der Mensch vermeintlich alles „Gefühlvoll" aus dem Schöpfungsraum bzw. Mördergrube des Herzenswegs wählt, was sich dann als Schmerzerlebnis im Außen darstellt, weil man zum Beispiel „Leistung für angeblich Liebe verkauft", seine dahinter stehende Motivation verkennend, die den Anderen zur Krücke der eigenen Bedürftigkeit machen will:

„Ich folge meinem Herzen, weil es erkennt, dass der Partner die einzig richtige ist" - kann sich später als eine „Null-nummer" herausstellen. Aber du hast gewählt, diesem Gefühl nachzugeben und es liefert dir auch Erfahrungen schmerz-licher Art, die auch zu Weisheit verdaut werden können.

Durch die richtige Schlussfolgerung und Erforschung sprich Sortierung der Gefühlsmotivationen kann es aber später zur Zusammenarbeit mit der Intuition, sprich der empfunden Klarheit seiner Wesenskörner kommen, die dir hilft das richtige Gefühl passend zu wählen!

Darin besteht aber gerade die Aufforderung dieser „Wes-enskernsortierung" im Aschenputtelmärchen, nämlich den Zugang bzw. das Empfinden zu seinen Wesenskörnern mit ihren eigenen Kombinationen sprich Gruppengeist, als eigene Seele wieder zu entdecken.

Das bedarf aber gerade des Sortierens im Vorgang einer Selbsterkenntnis, wo die guten bzw. eigenen in den „Mund", also in sich hinein genommen werden und die „schlechten bzw. wesensfremden Körner, als blockierende Prägungen, ge-trennt werden sollen!

Umso mehr steigt damit eine unbegrenztere Liebe zu dir, bzw. wird in dir durch diese „Klärung" des Herzens erzeugt.

Das bedeutet wiederum mehr Fülle im Äußeren, auch keinen Geldmangel, d.h. genügend materielle Fülle, um deine wirk-lichen Bedürfnisse d.h. aber nicht Wünsche, zu erfüllen!

Denn auch der Geldwert hat mit Selbstwert sehr viel zu tun, da er einen psychischen Energiefluss/fülle symbolisiert, der seine Entsprechung im Außen findet.

Schon Jesus sprach da sinngemäß:

„Das Königreich ist in Dir!" .. und „hättest du nur Glauben wie ein Senfkorn..." und da das ökonomische psychische Gesetz "Wie innen, so außen" heißt, bedeutet das:

Je unbegrenzter du dich in deinem göttlichen Selbst fühlen kannst, glaubst zu sein, desto unbegrenzter sind die äußeren Darstellungen für dich!

Kommst du also mit dem Allumfassenden so in dir mehr und mehr in Berührung, muss es zwangsläufig so sein, das äußere Darstellungen für dich keinerlei oder nur wenige Begrenzungen aufweisen. Deswegen sind auch für Gott Büßer- und Asketen fremd, da sie glauben, sich in ihrer Einstellung für Gott begrenzen zu müssen um von ihm geliebt zu sein!

Welch ein Irrtum!

Erkenne dabei, dass du selbst immer die Ursache des Problems, der Herausforderung bist, und es daher auch zu lösen imstande bist. Wenn das Problem bewusst ist, ist es schon halb gelöst. Durch die Änderung der Einstellung der Liebe, sprich der Akzeptanz zum Problem und der Bereitschaft es zu durchblicken, beginnt es sich von alleine zu lösen.

Materieller Reichtum ist so immer eine Frage des Bewusstseins und niemals das Ergebnis eines Wünschens oder Wollens!

Reichtum denkend zu wünschen oder zu wollen ist immer ein begrenztes Wollen eines Wassertropfens im Ozean, der sich damit durch sein Befürchten und Sorgen weiter beschränkt und vom Ozean abgeschnitten fühlt, was sich im Außen nur weiter manifestiert.

Reichtum jedoch kann nur kommen, wenn du in der Lage bist, die Weite des Ozeans des Allumfassenden Bewusstseinsfeld fühlbar in dich hinein zu lassen. Je unbegrenzt fühlbar du dich darin einfühlen kannst, die „Weite" als eigenes Gefühl in dir spürend, desto offener und weiter stellen sich dir dann deine Möglichkeiten im Äußeren als dein Reichtum dar!

Es gilt also nicht Reichtum als begrenzte Vorstellung und vorstell-bare Wünsche an zu streben, sondern eine fühlbare größere Weite in dir. Gelingt dir das zunächst über Selbsterkenntnis und blockierende Einstellungsmuster nicht, dann gehe doch zunächst mal den Weg vom Äußern, zur Umprogrammierung, sprich Sortierung deines Inneren!

Hierbei wäre zu unterscheiden, zwischen Wunsch, Bedürfnis und Motiv!

Auch wenn man die Last der Unsicherheit des Zweifels abwirft, wird es dir nicht gelingen "deine Träume" oder Ziele zu leben, weil es meist Katalogvorstellungen sind.

Diese sind eigentlich nur der Symbolfocus, für das, was der Mensch mit diesen verbindet!

Dabei ist es zu beachten, dass letztendlich nicht der vorgestellte Wunsch oder das Ziel sich manifestieren wird, sondern, die Gefühlsqualität, die man erleben will.

So kann ein Mensch hoch emotional als Wunsch an dem Ziel arbeiten, Vorstandsvorsitzender zu werden, aber hinter deinem vorgestellten herbeigesehnten Wunsch steht eigentlich das emotionale Bedürfnis:

Ich möchte mehr Freiheit oder Selbständigkeit etc!

So steht eigentlich bei der Wunschverwirklichung immer ein Bedürfnis, eine emotionale Qualität hinter der Verwirklichung. Was sich dann verwirklichen wird ist so nicht der Vorstandsvorsitzende, sondern anders geartete passende Möglichkeiten, die dem wirklichen Bedürfnis und deinen Möglichkeiten und Anlagen entsprechen!

So ist es möglich mit einer ständigen konzentrierten Visualisierung mittels eines innerlich berührenden Symbolbilds einen Kanal zu einem Bedürfnis schaffen. Wie sich dieser Traum dann verwirklicht, das gilt es dem Allumfassenden, Gott, dem Licht, Hohen Selbst, Quelle etc. in dir überlassen.

Also versteife dich nicht absolut fix auf das Zieltraumbild. Das ist dieses „Geschehen lassen", dieses „sammeln" und „nähren", mit Gefühlsnahrung der eigenen Wesenskörner.

Es dient nur als Fokus deiner Bedürfnisse. Als Symbol können dir z.B. auch die aufgehende Sonne, als Symbol für Lebensfreude, Mut und Selbstverwirklichung, eine Quelle, für reichhaltiges Gefühlserleben stehend, oder ein Schmetterling für das Offensein von Veränderungen, ein Diamant, für Stärke, das emotionell stark anspricht, dienen:

Wo die Konzentration ist, da ist meine Schöpfungsenergie und Übung macht den Meister!

Intensive mit Gefühlen beladene Bilddarstellungen, Visualisierung von Bildern bzw. Symbolen finden gemäß dem Gesetz der Resonanz mannigfaltige Entsprechungen in der Form im Äußeren.

Jeder Mensch erschafft in seinen gewählten innersten emotionalen Zuständen genau in diesem Augenblick das, was er in der Zukunft erlebt, und das was er jetzt erlebt, hat er in der sogenannten Vergangenheit verursacht, das sogenannte „Böse", sowie das „Gute".

Das, was im Außen dem Menschen entgegen tritt, spiegelt seine wahren Motive und Bedürfnisse wider.

Aber wenn ein Mensch aus einer tiefen Bedürftigkeit wünscht, aus innerer Armut und Selbstzweifel, dann manifestiert sich diese Motivlage wieder nur in bedürftigen Situationen bzw. äußeren leidvollen Darstellungen und nebenbei gesagt:

Wir sind alle irgendwie Meister in „Befürchtungsenergien"!

Diese Darstellungen im Äußeren zeigen dem Menschen psy-chisch- energetisch gesehen, dass er seinen inneren Kräften in seinem Inneren keinen Raum gibt, diese zu wenig beachtet und glaubt diese vom Äußeren von anderen bekommen zu können.

Es gilt also immer wieder zu prüfen, ob ein bestimmter Wunsch eine ganze Energie und Aufmerksamkeit wert ist, dann die innere emotionale Gefühlsüberzeugung, die hinter diesem Wunsch steht. Diese Überzeugungen werden dir die gewünschte Antwort geben, ob sich das „Wirklich Eigene" ver -„wirk" –„Licht" d.h. es ins Sichtbare kommt!

Du bist immer die Erfüllung deiner Wünsche!
(Sehr zweideutig, nicht wahr?)

Du kannst aber auch Fülle erzeugen, wenn du im Außen so handelst, als wärest du reich.

Praktisch:

Du hast selbst kein Geld und du brauchst Hilfe, Wenn du aus dieser Bedürftigkeit nun glaubst allein durch christlich motiviertes Geben Reichtum in dein Leben zu ziehen, bist du auf dem Holzweg. Dein Glas Wasser ist nämlich leer und jetzt weißt du ja auch jetzt:

„Ich will reich sein" heißt psychisch – energetisch:

„Ich bin arm" und der Mangel bleibt weiterhin bestehen!

Wie verdiene ich, oder wer gibt mir, ist „Tun", und glauben „Tun" zu müssen, ist Mangel in dir selbst. Mangel erzeugt wiederum im außen Schwere und Krampf bzw. Erfolglosigkeit.

Du hast nun keine finanziellen Reserven und brauchst dringend Geld!

In deinem Inneren ist Bedürftigkeit. Werde selbst zur Quelle deines Reichtums und gib!

„Aber ich habe nichts"! - schreit dein begrenzter Verstand.

Im Prinzip doch! - Praktiziere die Weite:

Nimm fünf von den wenigen Euros, die du hast und wechsle diese in 20 oder 50 Cent Stücke. Dann gehe in die Stadt und gib regelmäßig jedem Bettler oder den Klingelbeuteln in deiner Kirche, ohne zu fragen, ohne zu bewerten oder zu erwarten, einige Cents aus dem Gefühl eines inneren erwartungslosen Reichtums heraus oder spende und Wunder tun sich auf.

Dies geschieht aber nicht alleine durch das Geben, sondern auch durch das intensive Fühlen, wie „Stolz" man auf sich sein kann, geben zu können.

Achte dann dabei aufmerksam auf die hilfreichen Botschaften eines Zufalls bzw. Wunders, die du durch „Fügungen" erhalten wirst. Übe dich darin und sei dafür offen, diese dann nach ihren Bedeutungen zu erkennen.

Welche deiner Bedürfnisse werden dadurch miteinander verbunden bzw. erfüllt? - Weshalb erreicht dich die Botschaft gerade zu diesem Zeitpunkt?

Welches positive Resultat könnte sie enthalten, selbst wenn es sich dabei um eine Enttäuschung zu handeln scheint?

Welche Aufforderung zur Handlung könnte enthalten sein (Wofür!)?

Kannst du da Weite fühlen? – dann sagt dein Unbewusstes:

„Oh! - ist der/die reich!" und du weißt doch:

„Der Teufel scheißt immer auf den größten Haufen!"

Es beginnt dir reichlich dann allmählich zuzufließen, was du brauchst.

Liebe dich selbst so und dann erst kannst du deinen Nächsten auch wirklich lieben, je mehr du dich selbst lieben gelernt hast!

Achtung:

Wenn du gibst, dann gib aber immer erwartungslos d.h. Verbinde keine Erwartung damit! - Sonst ist es ein bedürftiges erwartungsvolles Nehmen und kein Geben!

Dieses Geben hat dich zum Ziel und nicht den Bedürftigen!

Symbolisch gesehen nahm deshalb Gott auch nicht von Kain das Opfer an. Er hatte sich selbst zum Ziel, mit ganz niederen Motiven einer inneren Bedürftigkeit!

Die Lösung deines gewünschten Zustands manifestiert sich, wenn du also selbst zur Quelle des gewunschten „Seins"-Zustandes wirst, oder dich in diesen ganz intensiv hineinbegibst.

**Nicht der Weg ist maßgebend,
sondern primär die Einstellung zu deinem Weg!**

Leben in Harmonie

Beschäftige dich nicht primär mit den Dingen, die dir Erfolg und Fülle und Harmonie bringen sollen. Beschäftige dich vielmehr mit dir und dem All-umfassenden in dir – Ihr seid Eines und da gibt es keinen Unterschied. Harmonie und Fülle bekommst du nicht durch das, was du tust, sondern durch die Einstellung zu dir!

Du stehst als Göttliches in deiner Welt und du spielst die Hauptrolle und die Anderen warten auf deinen Einsatz! – und das ist ein Prozess der glaubhaften „Selbst"– auswahl zu Dir, für Dich!

Nimm immer wieder einen großen Spiegel und schaue hinein und sage:

*„Ich wähle mich - Ich wähle mich - Ich bin „**Liebens-würdig**"*

Immer wieder sage es, bis du es mehr und erhebender spürst, dabei mit deinem Schmerz, Wut, Trauer, Zweifel in Kontakt kommend, dich tief bewegen lassend anschaust. - Mach es regelmäßig „40" Tage.

Das ist kein Egoismus, der sagt: „Ihr müsst mir Wert, Fülle, und Anerkennung geben und ich kämpfe darum!"

Wenn du dich ärgerst, verbitterst, schimpfst, Schuldige suchst für deine Miseren, in Negativität versinkst, gibst du den anderen deine Hauptrolle und du versteckst dich! - Frage dich: „Wie konnte ich das zulassen?"

Nein! - Ich bin selbst die Kraft und Stärke – Der Meister meines Lebens!

Und die Welt „ER"-folgt" dir!

„ER" -Kennst du jetzt das Mysterium der Tür!

Noch nicht? - Denke nochmal darüber nach!

Keiner hat dir und schon gar nicht der Große Geist in dir, haben jemals dir Sonne des Lebens weg genommen, sondern er hat dir im Sinne einer liebevollen Aufforderung die Möglichkeit geboten, sie selbst in dir zu finden!

Wenn du sie findest, geht plötzlich eine Türe zu deinem schillernden Seelenlicht, im Symbol der Fee, mit einer Bewusstwerdung mit weiten Horizonten auf.

Dieses Licht bzw. die Versammlung deiner Wesenskörner tritt dann auf dich zu und du könntest fragen:

Wer bist du? - Ich spreche dann zu „Dir" – Ja!- zu „Dir":

Es antwortet: "Wer ist hier "DU"? - Du bist aus dir heraus gegangen, weil du dich selbst nicht in Dir gefunden hast. Ich aber bin in dich hinein gekommen, weil ich mich draußen nicht erkannt habe!"

Du sagst dann vielleicht etwas verwirrt:

„Und wie bist du herein gekommen?"

Das Seelenlicht sagt:

„Ich bin durch dich hindurch gekommen - das heißt, dass ich durch die Tür gekommen bin!"

„Wenn du aber durch die Tür gekommen bist, wie kannst du dann durch mich selber kommen?", schreist du vielleicht verwirrt!

„Indem du die Tür selber wirst!

Die Frage aller Fragen gilt der Tür!" - sagt das Seelenlicht:

„Die Tür zu einer Erfüllung geht nach innen auf!

Das ist das Geheimnis aller Geheimnisse und es schaut dich dann sanft an:

„Das Licht selbst findet aus dem Menschen die Tür, durch die der Mensch ins Licht einkehrt und ich, als Gott in dir würde jetzt sagen:

Ich bin das Auge, doch der Blick bist du!

**„DAS AUGE mit dem ich GOTT sehe ,
ist das AUGE mit dem GOTT mich sieht .**
(*M. Eckehard - Mystiker - 12. Jahrhundert*)

Erkenne:

Oft stehst du, wie Aschenputtel, vor einer „Wand" – du bist machtlos, ohnmächtig, unerwünscht – Alles stagniert - keine Entwicklung in deinem Leben?

Was ist der Unterschied zwischen einer festgefahrenen Situation und einem Problem der Wand bzw. deiner Ohnmacht?

Eine Situation ist eine Darstellung auf deiner Lebensbühne, die du noch erschaffst und darin noch Handlungsmöglichkeiten besitzt.
Hier weist, fühlst und ahnst du, noch ausreichende Kapazität zur Gestaltung zur Verfügung zu haben, um diese Situation zu bewältigen. Ein Problem ist es für dich nur dann, wenn eben diese Situation übermächtig erscheint, oder deine Energie, deine Kapazität bzw. Kraft zu gering ist.

"Ich will...!"- Keine Chance!

Also: Wie komme ich aber wieder in Resonanz mit grundsätzlichen Erlebnismöglichkeiten, die ja eigentlich aus meinem göttlichen Sein, wie es immer heißt, da sind, aber von mir im Chaos angeblich nicht wahrgenommen werden können?

Wie komme ich nun als Mensch über die Grenzen des Vorstellbaren, um wieder einen Fluss in meinem Leben zu erzeugen?

Antwort: "Wer anklopft, dem wird aufgetan!"

Nimm mal ein altes Segelschiff mit einem Hohen Mast. Du segelst im Nichts – nur Wellen – Du bist verzweifelt, weist nicht was du tun sollst bzw. wohin du dein Steuer lenken sollst.

Plötzlich ruft von oben jemand: „ Land in Sicht!"

d.h. du brauchst einen sehr hohen Standpunkt der Betrachtungsweise der Dinge, eine neue Perspektive, um überhaupt etwas tun zu können!

Solange du dich nun sehr fest am Boden deiner Realität bzw. Perspektive befindest, findest du keine! d.h. dein Wille kann nicht mehr geschehen da unten, da dein menschliches Bewusstsein im Keller beschränkt ist.

Der Große Geist, der „Chef im Penthouse", das Allumfassende Bewusstsein, das sich über deine Seele mit den innewohnenden Seelenschwestern ausdrückt, weiß das sicher besser. Denn von dort oben hat er den Überblick!

Also, du brauchst also andere Realitäten von dort oben. Diese anderen Realitäten sind aber nur von oben realisierbar!

Jetzt kannst du dir neue Perspektiven nur schenken zu lassen – d.h.

„Nicht mehr Mein Wille geschehe, sondern dein Wille!

Das ist doch klasse - und gigantisch!

Wenn du zu dir also zu deinem im Unbewussten schlummernden immer geordneten Sein - d.h. deiner höchsten Version von dir, „Seele" genannt, also eigentlich glaubhaft vermittelst:

„Ich kann mich und mein Leben also nicht mehr begreifen, gibst du dem Großen Geist in dir Raum, durch dich hindurch zu treten und zu wirken!

Du anerkennst dass deine Vorstellungen über dich zu klein sind um dich begreifen zu können und schenkst gerade dem Augenblick dann liebende d.h. qualitative hochwertige Aufmerksamkeit!

Aber "Er hat den Überblick!" und jetzt der nächste Schritt!

Begib dich hoch hinauf in das Unvorstellbare in die Nähe des Großen Geistes in dir!

Wie? - Formuliere es so:

Ich kann mich zwar nicht mehr begreifen, aber:

„Ich bin stolz auf mich!"
(*Weil ich es bis hierhin geschafft habe!*)
„Ich bin erwünscht und liebens -"Würdig"
und es wert vom Leben beschenkt zu werden!

Du akzeptierst also, wie Aschenputtel deine Situation mit deinem Empfinden erst einmal!

Begründung für den Verstand: Es hätte ja auch eine Arbeit in einem sibirischen Braunkohlekraftwerk bei -30 Grad sein können und schon geht's dir doch besser oder? –„Be cool Baby"! (Du kennst es!)

Wenn du das zunehmend fühlst und spürst und nicht begreifen willst, dein Focus es einatmend darauf lenkst, dann kannst du mit dem unbegreiflich "Erfüllenden" gefüllt werden!

Begreifst du jetzt SEINE Worte:

Selig sind die Armen im Geiste, denn ihrer ist das Himmelreich!

Nebenbei bemerkt: Es steht geschrieben: "Am Anfang war das Chaos" und "Er" ließ den „Kosmos" - Ordnung entstehen und nicht Du! - Denn auch du und jeder ist ja dann sein organisiertes Chaos, gleich Kosmos!

Das ist die Gestaltung deiner Realität aus dem Bewusstsein!

Mit dieser neuen entstehenden Realität kannst du wieder mit neuen Möglichkeiten ins Tun kommen!

Nun, lieber Leser, sortiere doch einmal darüber hinaus deine eigenen Wesenskörner, indem du dich in jene kraftvollen Mediationsbilder von Aschenputtel tief hinein spürst und fühlst, was ganz speziell zu dir gehört, was du brauchst um in dein eigenes harmonisch erfülltes Leben zu kommen!

**Die gewonnene Selbstfindung
ist dann der Stein der Weisen in dir!**

Selbstfindung ist das Annähern an deine höchste Version, wie dich das Allumfassende gedacht hat.

Das Ego, dein Selbst in Erfahrung, wird immer mehr zum „Diener" des „Selbstes".

Dadurch kann dir alles zufließen, was dir an Möglichkeiten und Anlagen als dein Selbst in Erfahrung offen steht. Je mehr du dich also selbst findest, desto mehr fließt es dir zu. Da ist mehr und mehr kein Kampf mehr und da wo einst Problemberge vor dir standen, siehst du nunmehr nur kleine Maulwurfshügel! Deswegen Finde dich selbst, dann findest du alles, im Außen, was du an Reichtum und Fülle brauchst. Du wirst zum Stein der Weisen, zum „Goldstück" deines Lebens!

Finde also so den Lapis, den (Gold~) Stein der Weisen in dir!

Besonders bist du immer, denn niemand geht denselben Weg wie Du! - Aber das was dich besonders macht, ist auch das, was du in dir fütterst.
Werde dabei nicht besonders, sondern „Du selbst", durch Selbsterkenntnis, wie bei Aschenputtel, deren Kraft durch ihre Dialoge mit ihren eigenen Wesenslichtern geweckt wurde!

Die Grundvoraussetzung zur Relativierung misslicher Situationen, in denen du oft wie vor einer Wand stehst und diese versuchst, zwanghaft zu verändern ist dabei, wie in Aschenputtels Leben:

„Stecke keinerlei ablehnende emotionale Energie mehr in diese Situation"!

Diese steht natürlich wie schon betont, als Lösung in innigster Verbindung, mit einer einfachen und motivierenden Affirmation:

"Es ist mir wurscht", d.h. ich akzeptiere die Situation erst einmal emotionslos.

Wie kann man dies wieder nun in die Praxis umsetzen, so dass sich eine unbezwingbare Situation auflöst:

„Du musst die Relationen verändern in deinem Empfinden zu dieser Situation."

Was fällt dabei auf? Natürlich das Empfinden!

Du empfindest einerseits dich und du empfindest anderseits deine Situation. Aber immer ist es wessen Empfinden?

Es ist immer dein Empfinden!

Wenn du nun eine Situation übermächtig groß empfindest und du glaubst darin im „Schlamassel zu sitzen", was kannst du als das Naheliegendste verändern?

Natürlich dein Empfinden in Bezug auf die Situation!

Um das, was dir im Außen geschieht, zu durchschauen, es zu durchblicken, nicht nur durch emotionale Distanz von Befürchtungs- und Ohnmachtsenergien, sondern auch durch:

„Liebe den Augenblick"

Befreie genau diesen Augenblick im „Jetzt" von der emotionalen Empfindungsenergie, die du soeben meintest zu erleben. „Ja", du hast sie erlebt, weil du dazu voll und ganz emotional in Resonanz gegangen bist.

Deshalb hast du sie erlebt! Du meintest, und es war deine emotionale Einstellung, die du angenommen hast. Es waren deine meist unbewussten Blockaden, die du angenommen hast, die sich dir im Außen wiedergespiegelt haben.

Geht es dir nicht oft so, wenn du in einer druckbetonten, ärgerlichen oder stressigen Gemütsverfassung bist, dass dann partout nichts funktioniert. Aber kaum hast du dich zur Disziplin gerufen und sagst zu dir „Ruhe, Ruhe, ganz ruhig" und schon funktioniert es kurz darauf.

Das bedeutet, dass nur die eine Chance hast, all das, was sich dir bis jetzt dargestellt hat, energetisch zu ignorieren, um so den Augenblick lieben zu lernen, mit einer Inbrunst sondergleichen.

In dem Augenblick, wo du den Augenblick liebst, liebt der Augenblick dich zurück und es beginnt dann augenblicklich mehr und mehr eine Liebesbeziehung von Augenblick zu Augenblick.

Warum?

Gott, als „Alles, was ist", stellt grenzenlose Liebe dar. Er ist und bleibt die einzige Ursache alles Erschaffenen, ist daher in allem enthalten, ist daher alles, was ist!

Daher kann er nicht anders kann als dich zu lieben, denn er hat sich in dir ja aus seiner Liebe heraus erschaffen. So kommst du durch das Lieben des Augenblicks grundsätzlich mit ihm immer in Berührung und lernst dadurch die Problematiken deines Lebens zu beschränken.

Es geht um diese innere Einstellung:

„Ich erschaffe damit über meine Geisteskraft!"

Du widerspiegelst dich dann und handelst aus deiner Kraft des Vertrauens heraus, dass es gut geht, mögen auch die einen oder anderen Befürchtungen auftauchen wollen.

Diese werden ignoriert, weil über die innere Einstellung ein Verwandlungsvorgang eingeschaltet worden ist, der über:

„Ich glaube, ich vertraue" läuft!

Empfinden schafft deine Realität!

Das Äußere antwortet dir darauf!

So heißt die ganze Zauberformel deines Lebens!

Von „Nix" kommt aber „nix"! - das heißt:

Das ist keine Entschuldigung für Trägheit und Kismeteinstellung und mangelnde Selbstverantwortung. Wenn du nämlich keine Samen säst, kannst du noch so geduldig warten:

Es tut sich „nix"!

Grundsätzlich bist du der Schöpfer deines Seins im Zusammenklang mit deinem Selbst und du bist aufgefordert, dein Denken, Fühlen und Intuition so in Einklang zu bringen , dass du erkennst, wann die Zeitqualität und Gelegenheit zum Handeln, zum Schweigen und zum Aufbruch gekommen ist!
Die Geduld musst du ja nicht so weit treiben, bis dir das Leben eine negativ empfundene „Informationsverdichtung" geben muss, damit du den „Hintern" hochhebst! - sprich:

Du hast keine Samen gesät und erleidest symbolisch: „HUNGER"!

Wie kommst du zu deiner höchsten Version?

Durch deinen „Hochmut", sprich „GOTTERFÜLLTEN HOHEN MUT", mit deinem Glauben an dich, Vertrauen, Zuversicht und grenzenlosen "Gottvertrauen" oder durch die vielbeschworene „Menschlichkeit" mit ihren Bedürftigkeiten, wie Angst und Verzweiflung und Dunkelheit, die du meinst, durch eine andere Tätigkeit oder fliehen aus Ungeliebtem, dann relativieren zu können!

Es ist immer deine Entscheidung, was Du in dir wählst! und das erst erzeugt Resonanz auf erfüllendere Situationen, die dir begegnen werden!

Fang an in jeder Situation, in der du stehst, eindringlich zu erkennen und zu erfühlen:

"Ich bin stolz auf mich! – „Ich bin es wert vom Leben beschenkt zu werden"! – „Ich bin liebenswürdig"!

Nur wenn du dies lernst/beginnst zu fühlen, nur dann verändert sich die äußere Resonanz, durch die sich öffnende Tür zu dir, zu deinen kraftvollen Wesenslichtern!

Erkenne: **Merit amun:** (altägypt. Inschrift!)

„Du brauchst es dir nicht verdienen und kann es auch gar nicht verdienen und es aber dennoch erhältst, weil/ du dich mehr und mehr liebst!"

Die Auferstehung

In den vergangenen zweitausend Jahren sind wir intensiv gelehrt worden, Gott sowie den Teufel, als personifiziertes „Böse" zu fürchten und uns als Erbsünder , angeblich getrennt von Gott sich ständig zu verdammen. obwohl „Er" ja angeblich alle unsere Sünden weggenommen hat!"

Aber im Menschen ist Gott immer zuhause und da ruht alle Schöpferkraft und von ihm geht bewusst oder unbewusst alles aus - das angeblich „Gute und Böse", sprich „Licht und Schatten".

Du bist also selbst das Dunkle oder das Licht deiner Welt, das du wählst!

So gelingt die Auferstehung unter einer Voraussetzung:

Es gilt zu begreifen, dass Er und Du „Eines" sind!

"Du selbst bist die Ursache von Licht und der Schatten in deinem Leben!

"Dies sind die größten magischen Worte, der Auferstehung !

„Ich bin stolz auf mich!"

„Ich bin von Gott erwünscht" und es wert „beschenkt" zu werden

„ Gott ist immer in mir – deswegen bin ich liebens–"würdig"

Ich bin das Licht, ich bin die Sonne, das Licht meines Seins!

Das Bild ist natürlich das Bild der Sonnenscheibe, als Symbol des Göttlichen in dir.

Lass dieses Bild der gleißenden Sonnenscheibe über deinen weiten Atem aus deinem Bauchraum heraus entstehen.

Erkenne aus diesem Bild heraus die Verantwortung, die du jetzt in deinem Leben trägst!

War es dir in gewohnter Weise noch erlaubt, dich darüber zu beklagen, dass du hier und da in der Dunkelheit deines Seins warst, so bist du in dieser Stufe deiner Heilwerdung aufgefordert, in jedweder Situation darauf zu achten, dein Licht zu sein.

Das ist nun etwas Entscheidendes für dich, denn du hast von nun an auf einer hohen Bewusstseinsebene deiner Selbsterkenntnis, wo Intuition, Gefühl und Denken mehr und mehr eins werden, keine Entschuldigung mehr, dich ernsthaft darüber zu beklagen, dass du im Äußeren etwas nicht bekommst. Es ist hier vielmehr deine Aufgabe, dir endgültig bewusst zu werden, dass es dir möglich ist, alles aus dir heraus, aus deinem Bewusstsein zu gestalten. Du bist der Gott deines Lebens. Du bist zum Ursprung deiner Seele, als „Höchste Version" deines Seins zurückgekehrt.

Es ist die bewusste Geburt Gottes in dir!

Immer wieder hast du gehört, dass irgendwann, einmal in der Zukunft Gott wieder auf diese Erde kommen wird.

Das Paradies soll angeblich wieder „auf Erden" errichtet werden, wenn Gott auf Erden kommt und nun will Gott „auf Erden kommen" durch dich hindurch und du blockierst.

Stelle dir dieses Bild einmal in deiner Phantasie vor!

In dir erwacht das Göttliche und will sich durch dich als Ebenbild ausdrücken.

Du denkst dann:

„Wieso ausgerechnet durch mich? - Gibt es niemand Besseren, niemand Würdigeren, niemand Erhabeneren, Reiferen?"

Gott in dir aber sagt:

„Nein es gibt niemand Besseren, niemand Erhabeneren und Reiferen. „Du", so spricht Gott zu dir, „bist mein(e) Auserwählte(r) - Durch dich will ich mich manifestieren".

Also, du hast keine Chance dich dagegen zu wehren. An alles denkst du, aber dass es nun aus deinem Inneren herauskommen wird, noch dazu die Göttlichkeit?

An das hast du niemals gewagt zu denken. Nach außen hast du dich gewappnet und das wusste Gott, die Göttlichkeit.

Dein Verstand hat sich nach außen gerichtet und du hast dich auf wundervollste perfekte Art mit einer Maskenpersönlichkeit nach außen abgeschirmt.

Aber Gott wäre nicht Gott, wenn er nicht jeden Weg kennen würde. Er kommt ganz einfach durch eine andere Tür zu dir und indem er von innen an deine Bewusstseinstür klopft sagt er:

„Drücke mich aus - Manifestiere mich.
Dies ist die Aufgabe deines Lebens"!

Du bist jahrelang herumgelaufen, fragend und suchend:

„Wo ist der Sinn meines Lebens - Gebt mir eine Aufgabe?

Ich suche eine Aufgabe. Ich will Gutes tun".

„Als Mensch"? - fragt Gott *dich: „Mit all deiner Bedürftigkeit wolltest du Gutes tun?"*

Aber jetzt, wo du wirklich eine Aufgabe hast, nämlich Gott in dir zu manifestieren, erschrickst du bis ins Knochenmark?

Fühle tief in dich nun hinein und erkenne im Vorgang deines Atmens die tiefe weite Liebe Gottes in dir.

Aber warum?

Aus dem einfachen Grunde, weil Gott dich liebt. Deshalb kommt er nicht von außen auf dich zu, sondern von innen durch deine Seele. Gott erwacht in deinem Herzen!

Siehe am Horizont die Sonnenscheibe aufgehen. „Horus“, der Götterbote kommt zu dir - die Sonne geht auf!

Ein neues Zeitalter bricht an. Fühle deine Kraft mit Gott in deinem Herzen, ausstrahlend in dein Bewusstsein. Fühle dein neues Sein auf dieser siebenden Bewusstseinsstufe.

Betrachte die Bilder deines Inneren und erkenne aus diesen Bildern heraus die Kraft der Fähigkeit mit ihm verschmelzen zu können, mit „Ihm“ eins zu sein. Durch dieses Erfühlen bist du imstande, mehr und mehr das Erwachen der Gött-lichkeit in dir zu erkennen und zu erfahren über alle Sinne deiner Körperlichkeit. Lass dir dadurch all die Lasten, die du geglaubt hast, tragen zu müssen, von den Schultern nehmen.

Fühle, wie du dich in deiner Wirbelsäule aufrichtest und wie du jetzt bereit bist gerade und dich frei fühlend zu gehen.

Alles was du tust und berührst, wird aus diesem Bewusstsein heraus göttlicher, es wird ein Ausdruck, eine Darstellung der Göttlichkeit. Wohin du gehst, ist Göttlichkeit da.

Wenn du hingehst spürst du:

Gott hört mit deinen Ohren. Er sieht mit deinen Augen, fühlt mit deinen Sinnen, liebt mit deinem Herzen“.

Alles wirst du plötzlich mit anderen Augen sehen, mit anderen Ohren hören. Mit anderen Gefühlen wirst deinen Lebenssituationen und anderen Menschen begegnen können. Denn du schließt dich kurz mit seiner hohen Energie.

Es ist dieses Lebensgefühl: „Ich bin im inneren Frieden."

Du hast darum geweint, gebettelt und gebetet.

Du erkennst:

> *Er kommt nicht zu dir, wenn du weinst.*
> *Er kommt nicht zu dir, wenn du bettelst, oder bittest.*
> *Aber wenn ihn, als seine Quelle einlädst, kommt er!*
> *Denn du willst ihn ja leben, den inneren Seelenfrieden.*

Den sollst du haben:

„Wenn du mir einen Schritt entgegenkommst, komme ich dir auch einen Schritt entgegen. Der innere Seelenfriede ist das Daheimsein in dir, wo du gerade gehst und stehst.

Er ist es, der dich sucht, komm lass dich finden. Du wirst nie mehr auf der Flucht sein vor irgendetwas.

Du brauchst nicht mehr zu fliehen. Du hast einfach das Gefühl, ich bin in mir zu Hause, dann bist du überall zu Hause. Du wirst plötzlich sehen, dass die Menschen keine Fratzen mehr haben, sondern schöne Gesichter und du wirst eintreten in die Glückseligkeit, in die wirkliche innere Freiheit, wo es keinen Kampf mehr gibt, nur „Sein".

Dann brauchst du auch keine Verteidigungshaltung mehr einzunehmen, denn, wenn du nicht angreifst, wirst du nicht angegriffen.

Es ist jenes Bewusstsein, das dein Tagesbewusstsein nun durchdringt hat. Die Stille wirst du jetzt mehr und mehr spüren, je mehr du deine Verteidigungshaltungen aufgibst.

Du wirst dabei nicht zum Kanal für das Göttliche Licht, sondern du bist es selbst mehr und mehr, wenn die starren Grenzen deines Egos relativiert, gelöst und es sich mehr und mehr deiner Seele angleichen:

„Dein Wille geschehe. Schöpfer allen Seins, du tust die Werke, dein Sohn allein vermag nichts, aber ich und der Vater (das Göttliche!) sind eins"!

Dann hast du dich verwandelt, du bist der Schöpfer deines Seins und der Schöpfer allen Seins ist in dir. Es ist keine Anmaßung, sondern du gibst vielmehr deinen eigenen zwanghaften Willen auf.

Du weißt jetzt aus dem tiefsten Inneren:

Alles was ist, ist Gott!

Du bist der Tänzer und tanzt für Ihn. Du bist die Harfe und klingst in seiner Melodie.

Fühle die Heimkehr und freue dich. In dieser Freude kannst du fest in deiner Göttlichkeit stehen, in deiner Freude am Sein im Hier und Jetzt.

Denn nur in der Freude bist du in deiner Göttlichkeit gegenwärtig, als eine Idee, als ein „Bildwerk" des „Allumfassenden", sein „verdichteter Geist".

Wenn du diese, deine Idee in dir erkannt hast, dann erst erkennst du deinen wirklichen Namen. Dieser Name ist dein Licht, dein erblühter Same, die Quelle deiner Freude, und seines Liedes und der ewigen Heiterkeit.

Die Seele, dein Selbst, sein Bildwerk, hat aber immer das ganze Wissen und die damit verbundenen Themen in sich, das sie auf ihrem Erfahrungsweg mit ihren Themen, auf ihrer Heldenreise also, in der Körperlichkeit braucht und sie bringt dich mit diesem „Wissen", wenn notwendig, über entsprechende, auch manchmal schmerzhaften Situationen in Berührung, um dein Leben als ihr körperlicher Ausdruck in Fluss zu halten.
Deine sinnlichen Erfahrungs-"Werte" sind aber nun ihr "Schatz", ihr quasi „Gelerntes", mit der sie nach Ablegen der existierenden Form sich wieder eine neue Form erschafft und daraus schöpft, das Erlebte wieder spiralförmig, quasi in einer Art Evolution weiter ausbaut, um sich in den vielfältigsten Facetten zu spiegeln und jede Erfahrung macht sie bzw. dich quasi "reicher".

Bei Gott gibt es nichts, was umsonst ist. Alles, wirklich alles führt letztendlich zu ihm zurück. Es ist wie beim angeblich „Verlorenen Sohn", wo dieser zurückkehrend, als vermeintlicher Verlierer, „zur Rechten" des Göttlichen Platz nehmen darf, weil er reich an Erfahrungen ist.

So sind wir alle seine erschaffenen „Bildwerke", durch die „Er" sich in der Materie, in mannigfaltigen Gegensätzlichkeiten, in allen Facetten seiner Schöpferkraft, erfahren zu können! Ein wunderbarer Spiegel ist da in dir!

Die Wesenskörner der Seele erschaffen in ihrer Vernetzung untereinander deine Realität. Sie bilden deine persönliche seelische Wirklichkeit als Spiegel. Wie die Sonne, bringt er deine Wahrheit zutage, auch oft in „unmenschlicher" Klarheit!

Dieser Spiegel offenbart alles! - Er ruht in dir und spiegelt dich von Innen und Außen!

Wende alle Aufmerksamkeit dem Spiegel zu! – Derjenige, der sich in diesen Spiegel aus dem Inneren erfasst, kann nicht abwesend von „**Ihm**" sein.

Aber als ein Wasserspiegel von bewegten verzerrten Gefühlseinstellungen allein, kann das nicht gelingen. Es macht ihn mit seinen Wellen unklar! Dieser Spiegel dabei, nur als Verstandesamulett verwendet, lässt ihn blind sein. Denn der Mensch interpretiert sein Spiegelbild und sein unvollkommener Blick spiegelt das Unvollkommene auch im Außen. Der menschliche Verstand zerschlägt ihn meist auch noch in „Splitter". Unglücklicherweise zeigt jeder Splitter dann dasselbe - nur klein verzerrt, begrenzt und limitiert!

Der reine Spiegel aber, ist die Summe aller deiner Anlagen und Möglichkeiten, als deine Wesenskörner. Er betrachtet sich in Dir in Klarheit, denn **Sein Auge** ist immer zu licht, um Dunkles zu sehen!

Das Göttliche ist dein Auge! – der Blick bist immer Du!

Putze und sortiere und finde also den reinen Spiegel!

Das ist „Religio" und erfahrbare „Er" Kennt!-nis und du findest so den Hl. Gral in dir. Hängst du aber nur vom Körper ab, ist der Spiegel matt. Hängst du von **Ihm** ab, so siehst du Alles!

Er duldet keine Leere. Sein Name ist Fülle (germ: Gott: „Alles, was ist"). Büßer und Asketen im Spiegel, sind **Ihm** nicht erstrebenswert!

„Ich bin sein Licht" –
Die Sonne meines Lebens.
Ich bin das Licht der aufgehenden Sonne,
für ein neues Leben!"

Sein Traum

Du wirst geträumt! - Er träumt sich in Dir!
Alles was du tust, soll sein, seine sinn- „volle"
Traumtat, deshalb träume immer Erhebendes.
Sein Sinn wird Wirklichkeit, in deinen Anlagen
und Möglichkeiten.
Träume sind Bilder, auch Du bist ein Bild.
Du bist sein verdichtetes Ebenbild,
Symbol, Hülle und Formkontur für seinen Sinn,
der sich im Körper erfährt!
Was den Samen des Geistes empfängt ist die
unbefleckte Empfängnis.
Du meinst Gebärende(r) zu sein?
Doch „Er" – der Weltengeist ist es, der dich gebar.

Großes Licht

„Großer Geist" - „Großes Licht",

Allmächtiger Schöpfer allen Seins,

Das was in mir ist,

Der Urgrund von allem, Das „All-Eine",

Der Atem der hinter allem Leben steht,

Der Geist, du „Quelle allen Seins",

Erhöre mich - Erfühle mich- Erfahre mich!

Großer Geist- Großes Licht- Aus Dir bin ich gekommen.

Aus deinem Sein bin ich gekommen- Ich bin dein Sein.

Geheimnis in meinem Atem, der Brücke zu Dir- Ich atme
Dich.

Ich verbinde mich mir Dir über diese Brücke mit deiner

Liebe, zu empfangen deinen Segen für alle Zeit.

Sei meine Kraft und Stärke durch die Brücke meines Atems
zu Dir.

Ich atme dich in der Stille meines Seins mit meiner

Offenheit und Hingabe zu dir.

Gott und nur Gott, Verbundenheit und nur Licht sei in mir!

 **Axel Englert, geboren 1956 in Aschaffenburg**

Nach vielen Jahren Managementtätigkeit in der Industrie erfolgte 1991 die Hinwendung zur archetypischen Psychologie von C.G. Jung und der Psychosynthese von Assagioli.

Seit 1993 Selbständige Tätigkeit als Trainer für Supervision, Sinn- und Konfliktmanagement, Ziel- und Teamfindungsseminare, Mentaltraining, sowie Persönlichkeitstrainings und Buchautor.
(Vgl. www.mental-x.de)

Nach einer Ausbildung zum psychologischen Heilpraktiker mit Praktikumserfahrung in einer psychiatrischen Klinik und als HUNA- Praktiker war der nächste Schritt die Führung einer ganzheitlichen psychologischen Lebensberatungspraxis.

Unterstützt wird diese Praxis durch Studium und Anwendung einer psychologischen - astrologischen Beratung auf der Basis der Huber-Koch-Schule sowie einer eigenentwickelten und ergänzenden „Kabbalistischen Numerologie", die der Autor in Ausbildungskursen in Verknüpfung mit der Analytischen Psychologie C. G. Jungs durchführt.

Mit seinen Büchern möchte der Autor auf heilende und lebensverändernde Kraft der inneren archetypischen Bilder und Symboliken hinweisen, die erst einmal freigesetzt, große psychische Energien in zu verändernde oder transformierende Lebenssituationen fließen lassen.

Weitere Bücher auf www.bod.de - Buchshop!